じっくり学ぶ中国語

木村淳・泉田俊英・李原翔

KINSEIDO

まえがき

　この教科書は高校生、大学生のみなさんはもちろん、初めて中国語を学ぶすべての方を対象としています。

　中国語学習ではまず中国で使われている漢字である「簡体字」と発音を記したローマ字の「ピンイン」を習得することが大切です。

　この教科書では、漢字については、注意が必要な簡体字と日本で使われている漢字を並べて記すことで、その違いを分かりやすくしました。

　発音については教科書では最低限の説明にとどめましたが、発音の一覧（音節表）を付属のCDに収録し、これによって、ローマ字の発音表記と実際の発音の関係を目と耳の両方で確認できるようにしました。目と耳の両方で確認することで、中国語の発音を習得することは難しいことではなくなります。

　本文は対話形式を取り、中国語学習の基礎となりうる会話を収録することで、実践力が身につくように心がけました。

　教科書の練習問題には書く機会を多く設け、簡体字とピンインをより身につけられるようにしました。

　この教科書が、今後みなさんが中国語学習を進めていくうえでの基礎となり、中国語を身につけることでこれまで知らなかった中国の言葉や文化について理解を深めていくことを願っています。

　　　　　　　　　　　　　　　　　　　　　　　　　　　　　　編者

目次

まえがき ……………………………………………………………… 3
中国とは　中国語とは ……………………………………………… 8
句読点のきまり ……………………………………………………… 9
教室用語 ……………………………………………………………… 10
中国語の発音のきまり ……………………………………………… 11
　1．発音の構成　2．母音　3．母音の表記　4．子音　5．声調
　6．声調記号をつける場所　7．声調の変化
中国語音節表 ………………………………………………………… 16

第一课　你好！　こんにちは。 ……………………………… 18
　1．いろいろなあいさつ
　簡体字（1）
　簡体字の書き順

第二课　你姓什么？　お名前は何ですか。 ………………… 22
　1．人称代名詞　2．動詞を使った文　参考 "您贵姓？"
　簡体字（2）
　中国人の五大姓

第三课　这是什么？　これは何ですか。 …………………… 26
　1．指示代名詞（1）　2．"是"　3．"什么"　4．"吗"
　簡体字（3）

第四课　你是哪国人？　どこの国の人ですか。 …………… 30
　1．"呢"　2．いろいろな国名　3．反復疑問文
　簡体字（4）

第五课　这是谁的铅笔？　これは誰の鉛筆ですか。 …………………………………… 34
　　1．"的"（1）　2．"谁"　3．"吧"
　　簡体字（5）

第六课　今天星期几？　今日は何曜日ですか。 ……………………………………… 38
　　1．数字（1）　2．曜日の言いかた　隔音記号　3．"几"
　　4．時間に関する言葉（1）
　　簡体字（6）

第七课　今天几号？　今日は何日ですか。 …………………………………………… 42
　　1．年月日の言いかた
　　中国の祝日

第八课　现在几点？　今何時ですか。 ………………………………………………… 46
　　1．時間の言いかた　2．時間に関する言葉（2）
　　簡体字（7）
　　十二支

第九课　你多大了？　いくつですか。 ………………………………………………… 50
　　1．年齢のたずねかた　2．数字（2）
　　簡体字（8）

第十课　多少钱？　いくらですか。 …………………………………………………… 54
　　1．お金の言いかた　2．量詞（助数詞）

第十一课　你要买什么？　何を買うつもりですか。 ………………………………… 58
　　1．"要""想"　2．連動文
　　簡体字（9）

第十二课　你家有几口人？　何人家族ですか。 ……………………………… 62
　１．"有"（１）　２．"的"（２）　３．親族の名称
一人っ子政策

第十三课　请问，中文教室在哪儿？
　　　　　すみません、中国語教室はどこですか。 ……………………… 66
　１．指示代名詞（２）　２．方向を表す言葉　３．"在"（１）
簡体字(10)

第十四课　图书馆里有汉语书吗？　図書館に中国語の本はありますか。 …… 70
　１．"有"（２）　２．"在"（２）
簡体字(11)

第十五课　你的爱好是什么？　趣味は何ですか。 …………………………… 74
　１．動詞と目的語の組み合わせ　２．いろいろな趣味
簡体字(12)
中国料理

第十六课　你会说汉语吗？　中国語が話せますか。 ………………………… 78
　１．"会"　２．形容詞を使った文
簡体字(13)

第十七课　你明天能来吗？　明日来られますか。 …………………………… 82
　１．"能"　２．"可以"
簡体字(14)

第十八课　你做作业了吗？　宿題はしましたか。 …………………………… 86
　１．"了"
簡体字(15)

第十九课　你去过中国吗？　中国に行ったことがありますか。 ……………… 90
　　1．"过"　2．"的"（3）
　　簡体字（16）
　　中国の六大古都

第二十课　我们跟中国学生学包饺子。
　　　　　　私達は中国人学生にギョウザ作りを学びます。 ………………… 94
　　1．"跟"
　　簡体字（17）

自己紹介をしてみよう………………………………………………………… 98

語句索引（ピンイン）……………………………………………………… 100
語句索引（日本語）………………………………………………………… 107

中国とは

中国（中華人民共和国）
 建国：1949 年 10 月 1 日
 首都：北京
 人口：約 14.4 億人（2020 年）
 面積：959.7 万 km²
 民族：漢民族、他 55 の少数民族

中国語とは

中国語 "漢語（汉语 Hànyǔ）"。漢民族の言語という意味。
 "中文（中文 Zhōngwén）" という言い方もある。

共通語 "普通話（普通话 pǔtōnghuà）"。これから勉強する中国語。中国には大きく分けて七つの方言があるが、"普通話" は全国で通じる言葉である。

漢字 原則として一文字一音節。現在中国大陸で使用されている字体は簡体字（**简体字** jiǎntǐzi）。かつて使われていたのは繁体字（**繁体字** fántǐzi）である。

繁体字		漢	語	簡	體	字
簡体字		汉	语	简	体	字
日本の常用漢字		漢	語	簡	体	字

ピンイン（**拼音** pīnyīn） 発音を示すローマ字の記号。

同じ漢字でも意味は異なる

日本語	中国語	
大丈夫	大丈夫（dàzhàngfu）	立派な男性
手紙	手纸（shǒuzhǐ）	トイレットペーパー
怪我	怪我（guài wǒ）	私のせい
工夫	工夫（gōngfu）	時間
汽車	汽车（qìchē）	自動車
床	床（chuáng）	ベッド
湯	汤（tāng）	スープ

外来語も漢字で表記する

コーラ	可乐（kělè）
マクドナルド	麦当劳（màidāngláo）
ハンバーガー	汉堡包（hànbǎobāo）

句読点のきまり

,	逗号	dòuhào	文の途中の区切りを示す。
、	顿号	dùnhào	文の中で並列した言葉の間に用いる。
。	句号	jùhào	文の終わりを示す。
?	问号	wènhào	疑問や反語を示す。
!	感叹号	gǎntànhào	感嘆・命令・呼びかけ等を示す。

教室用語

起立！	Qǐlì！	起立
同学们好！	Tóngxuémen hǎo！	みなさんこんにちは
老师好！	Lǎoshī hǎo！	先生こんにちは
坐下！	Zuòxia！	着席
开始上课。	Kāishǐ shàngkè.	授業を始めます
现在点名。	Xiànzài diǎnmíng.	出席を取ります
到！	Dào！	はい（出席の返事）
请打开〇〇页。	Qǐng dǎkāi ... yè.	〇〇頁を開けてください
请跟我一起念。	Qǐng gēn wǒ yìqǐ niàn.	あとについて読んでください
很好。	Hěn hǎo.	よろしいです
下课了！	Xiàkè le！	授業を終わります
再见！	Zàijiàn！	さようなら

中国語の発音のきまり

1. 発音の構成
　　中国語は基本的に漢字一文字につき一音節である。音節は母音、子音、声調から構成されている。

2. 母音

① 単母音

　　　　a　o　e　i　u　ü

　a　　日本語の「ア」よりも大きく口を開ける

　o　　日本語の「オ」よりも口を固める

　e　　口を半開きにしてのどの奥から「オ」と発音する。

　i　　日本語の「イ」よりも口を横に引く

　u　　日本語の「ウ」よりも口を固める

　ü　　「ユ」の口の形にして「イ」と発音する。

② 複母音

　　　ai　　ei　　ao　　ou
　　　ia　　ie　　ua　　uo　　üe
　　　iao　iou　uai　uei

③ 鼻母音

-n 　舌先を上の歯茎につける。口は閉じない。
　　　「あんない」「みんな」の「ん」

-ng 　舌先を下の歯茎につけて「ん」と言う。口は閉じない。
　　　「あんがい」「まんが」の「ん」

an	en	ang	eng	ong
ian	in	iang	ing	iong
uan	uen	uang	ueng	
üan	ün			

④ そり舌母音と"er"化

er 　e を発音しながら舌をそる。
　　　"er"化：er が前の音節につくときは e を省略して " r " で表す。

3．母音の表記

・" i "の前に子音なし　→　y / yi

i	ia	ie	iao	iou	ian	in	iang	ing	iong
yi	ya	ye	yao	you	yan	yin	yang	ying	yong

※子音：b　p　m　f　d　t　n　l　g　k　h　j　q　x
　　　　zh　ch　sh　r　z　c　s　(→ 13、14頁)

・"u"の前に子音なし → w / wu

 u ua uo uai uei uan uen uang ueng

 wu wa wo wai wei wan wen wang weng

・"ü"の前に子音なし → yu 子音 j, q, x の後の ü → u

 ü üe üan ün

 yu yue yuan yun

・子音＋"iou" "uei" "uen" → "iu" "ui" "un"

 iou uei uen

 -iu -ui -un

4．子音

① b(o) p(o) m(o) f(o)

 "b"は無気音、"p"は有気音。練習する時は母音"o"をつけて発音する。"f"は上の歯で下唇を軽くおさえる。

② d(e) t(e) n(e) l(e)

 "d"は無気音、"t"は有気音。練習する時は母音"e"をつけて発音する。タ行のタ・テ・トの舌の位置。

③ g(e) k(e) h(e)

 "g"は無気音、"k"は有気音。母音"e"をつけて練習。"g"・"k"はガ・カに近い口の形。"h"はのどの奥をかすれさせる。

④　j(i)　q(i)　x(i)
　　"j"は無気音、"q"は有気音。練習する時は母音"i"をつけて発音する。口を横に引く。

⑤　zh(i)　ch(i)　sh(i)　r(i)
　　"zh"は無気音、"ch"は有気音。練習する時は母音"i"をつけて発音する。そり舌音。

⑥　z(i)　c(i)　s(i)
　　"z"は無気音、"c"は有気音。練習する時は母音"i"をつけて発音する。タ行のツの口の形。

5．声調　　　　　　　　　　　　　　　　　　　　　　　　CD 4

第1声	高く平らで長め	mā	（妈：母）
第2声	末尾を急速に上げる	má	（麻：しびれる）
第3声	低く抑える	mǎ	（马：馬）
第4声	急速に下がる	mà	（骂：しかる）
軽声	前の音につけ、上げ下げはしない。音の高さは前の声調によって変わる。声調記号はつけない。	māma	（妈妈：母）

四つの声調を総称して四声（しせい）と呼ぶ。

6．声調記号をつける場所

① 声調記号は"a o e i u ü"の上につける。
② "a"があれば必ずその上につける。
③ "a"がなければ"o""e"の上につける。
④ "i"の上につける時は"・"を取る。
⑤ "i""u"が並んだ時は後ろの方につける。

7．声調の変化

① 第3声の変化
　・第3声＋第1・2・4声
　　第3声の末尾を上げずに低く抑える（半3声）。
　・第3声＋第3声
　　前の第3声を第2声に変える。しかし、声調記号の表記は変わらない。

② "不"の変化
　・"不（bù）"の後ろに第4声や本来第4声の軽声が続いた場合は第2声（bú）に変わる。

③ "一"の変化
　・単独の時や順序を表す時は"一（yī）"
　・"一（yī）"の後ろに第4声や本来第4声の軽声が続いた場合は第2声（yí）に変わる。
　・"一（yī）"の後ろに第1・2・3声が続く場合は第4声（yì）に変わる。

中国語音節表

CDトラック	5	6	7	8	9	10	11	12	13	14	15	16	17	18	19
母音 / 子音	a	o	e	-i	-i	er	ai	ei	ao	ou	an	en	ang	eng	ong	i	ia	iao	ie
子音なし	a	o	e			er	ai	ei	ao	ou	an	en	ang	eng		yi	ya	yao	ye
b	ba	bo					bai	bei	bao		ban	ben	bang	beng		bi		biao	bie
p	pa	po					pai	pei	pao	pou	pan	pen	pang	peng		pi		piao	pie
m	ma	mo	me				mai	mei	mao	mou	man	men	mang	meng		mi		miao	mie
f	fa	fo						fei		fou	fan	fen	fang	feng					
d	da		de				dai	dei	dao	dou	dan	den	dang	deng	dong	di		diao	die
t	ta		te				tai		tao	tou	tan		tang	teng	tong	ti		tiao	tie
n	na		ne				nai	nei	nao	nou	nan	nen	nang	neng	nong	ni		niao	nie
l	la		le				lai	lei	lao	lou	lan		lang	leng	long	li	lia	liao	lie
g	ga		ge				gai	gei	gao	gou	gan	gen	gang	geng	gong				
k	ka		ke				kai	kei	kao	kou	kan	ken	kang	keng	kong				
h	ha		he				hai	hei	hao	hou	han	hen	hang	heng	hong				
j																ji	jia	jiao	jie
q																qi	qia	qiao	qie
x																xi	xia	xiao	xie
zh	zha		zhe	zhi			zhai	zhei	zhao	zhou	zhan	zhen	zhang	zheng	zhong				
ch	cha		che	chi			chai		chao	chou	chan	chen	chang	cheng	chong				
sh	sha		she	shi			shai	shei	shao	shou	shan	shen	shang	sheng					
r			re	ri					rao	rou	ran	ren	rang	reng	rong				
z	za		ze		zi		zai	zei	zao	zou	zan	zen	zang	zeng	zong				
c	ca		ce		ci		cai		cao	cou	can	cen	cang	ceng	cong				
s	sa		se		si		sai		sao	sou	san	sen	sang	seng	song				

20	21	22	23	24	25	26	27	28	29	30	31	32	33			34
iou	ian	in	iang	ing	iong	u	ua	uo	uai	uei	uan	uen	uang	ueng	ü	üe	üan	ün
you	yan	yin	yang	ying	yong	wu	wa	wo	wai	wei	wan	wen	wang	weng	yu	yue	yuan	yun
	bian	bin		bing		bu												
	pian	pin		ping		pu												
miu	mian	min		ming		mu												
						fu												
diu	dian			ding		du		duo		dui	duan	dun						
	tian			ting		tu		tuo		tui	tuan	tun						
niu	nian	nin	niang	ning		nu		nuo			nuan				nü	nüe		
liu	lian	lin	liang	ling		lu		luo			luan	lun			lü	lüe		
						gu	gua	guo	guai	gui	guan	gun	guang					
						ku	kua	kuo	kuai	kui	kuan	kun	kuang					
						hu	hua	huo	huai	hui	huan	hun	huang					
jiu	jian	jin	jiang	jing	jiong										ju	jue	juan	jun
qiu	qian	qin	qiang	qing	qiong										qu	que	quan	qun
xiu	xian	xin	xiang	xing	xiong										xu	xue	xuan	xun
						zhu	zhua	zhuo	zhuai	zhui	zhuan	zhun	zhuang					
						chu	chua	chuo	chuai	chui	chuan	chun	chuang					
						shu	shua	shuo	shuai	shui	shuan	shun	shuang					
						ru	rua	ruo		rui	ruan	run						
						zu		zuo		zui	zuan	zun						
						cu		cuo		cui	cuan	cun						
						su		suo		sui	suan	sun						

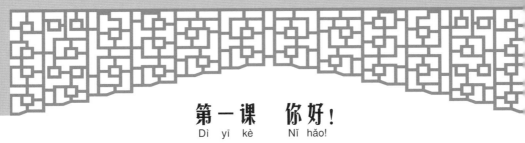

第一课　你好！
Dì yī kè　Nǐ hǎo!
———————こんにちは。

A：您 好！
　　Nín hǎo!

B：你 好！
　　Nǐ hǎo!

A：谢谢！
　　Xièxie!

B：不 谢！
　　Bú xiè!

A：再见！
　　Zàijiàn!

B：再见！
　　Zàijiàn!

語句　　　CD 36

第　dì　第
一　yī　1
课　kè　課 教材の一区切り
你好　nǐ hǎo　こんにちは
　一日中使うことができる

您好　nín hǎo　こんにちは
　（丁寧な言い方）
谢谢　xièxie　ありがとう
不谢　bú xiè　どういたしまして
再见　zàijiàn　さようなら

ポイント　　　CD 37

1. いろいろなあいさつ

早上好！　おはよう。
Zǎoshang hǎo!
—— 早上好！　おはよう。
Zǎoshang hǎo!

晚上好！　こんばんは。
Wǎnshang hǎo!
—— 晚上好！　こんばんは。
Wǎnshang hǎo!

回头见！　また後で。
Huítóu jiàn!
—— 回头见！　また後で。
Huítóu jiàn!

谢谢你！　ありがとう。
Xièxie nǐ!
—— 不客气。　どういたしまして。
Bú kèqi.

对不起！　ごめんなさい。
Duìbuqǐ!
—— 没关系！　大丈夫ですよ。
Méi guānxi!

練習問題

1. ①から③の日本語に合うように（　）に漢字を書き、_____にピンインを書いてみよう。

    ① こんにちは。　你（　　　）！　Nǐ _____！

    ② ありがとう。　谢（　　　）！　Xiè _____！

    ③ さようなら。　再（　　　）！　Zài _____！

2. ①から③の日本語を中国語に訳して、漢字とピンインの両方を書いてみよう。

    ① おはよう。　　（　　　　　　　　　　　　　）
    _____

    ② ごめんなさい。（　　　　　　　　　　　　　）
    _____

    ③ 大丈夫ですよ。（　　　　　　　　　　　　　）
    _____

簡体字（1）

言（ごんべん）→ 讠　"氵"（さんずい）とは異なる

課 － 课　　謝 － 谢　　語 － 语
請 － 请　"请"と"清"は別の字

門（もんがまえ）→ 门

们　"人"（にんべん）の右側は簡略化する前の形は"門"

関 － 关　別の字と重ならない場合は"門"を外す

見 － 见　　気 － 气　　対 － 对
後 － 后　　竪 － 竖　　頭 － 头

簡体字の書き順

先上后下 xiān shàng hòu xià　　まず上、次に下
先左后右 xiān zuǒ hòu yòu　　まず左、次に右
先外后里 xiān wài hòu lǐ　　まず外、次に中
先横后竖 xiān héng hòu shù　　まず横、次に縦
先撇后捺 xiān piě hòu nà　　まず左払い、次に右払い

第二课　你姓什么？
Dì èr kè　Nǐ xìng shénme?

———————お名前は何ですか。　　　CD 38

A：你 姓 什么？
　　Nǐ xìng shénme?

B：我 姓 小林。
　　Wǒ xìng Xiǎolín.

你姓什么？

A：你 叫 什么？
　　Nǐ jiào shénme?

B：我 叫 由美。
　　Wǒ jiào Yóuměi.

A：你 叫 什么 名字？
　　Nǐ jiào shénme míngzi?

B：我 叫 小林 由美。
　　Wǒ jiào Xiǎolín Yóuměi.

語句　　　🔘 CD 39

二	èr 2	小林	Xiǎolín 小林（人名）
你	nǐ あなた	由美	Yóuměi 由美（人名）
姓	xìng ～という姓である	叫	jiào ～という名である
什么	shénme 何 どんな	名字	míngzi 名前
我	wǒ 私	们	men ～達

ポイント　　　🔘 CD 40

1. 人称代名詞

	我	你／您	他／她
単数	wǒ	nǐ／nín	tā／tā
	私	あなた／あなた（丁寧）	彼／彼女
複数	我们	你们	他们／她们
	wǒmen	nǐmen	tāmen／tāmen
	私達	あなた達	彼ら／彼女達

※ "您"に複数形はない。

2. 動詞を使った文

日本語との語順の違いに注意する。

<u>我</u>　<u>叫</u>　<u>小林由美</u>。　　私は小林由美と言います。
Wǒ　jiào　Xiǎolín Yóuměi.

<u>～は・が</u>　<u>～する</u>　<u>～を</u>
　主語　　　述語　　　目的語

練習問題

1. 中国語で自分の名前を言ってみよう。
自分の名前を（　）に書き、＿＿＿＿にピンインを書いてみよう。

A：你 姓 什么？　　お名前は何ですか。
　　Nǐ ＿＿＿＿＿＿＿＿＿＿＿？

B：我 姓（　　　　　）。　　私は（　　）と言います。
　　Wǒ ＿＿＿＿＿＿＿＿＿＿＿．

A：你 叫 什么名字？　　お名前は何ですか。
　　Nǐ ＿＿＿＿ shénme ＿＿＿＿＿？

B：我 叫（　　　　　）。　　私は（　　）と言います。
　　Wǒ ＿＿＿＿＿＿＿＿＿＿＿．

参考

A： 您 贵 姓？　　お名前は何とおっしゃいますか。
　　Nín guì xìng?

B： 我 姓 铃木。　　私は鈴木と申します。
　　Wǒ xìng Língmù.

簡体字（2）

金（かねへん） → 钅

鈴 － 铃

貝 → 贝　"见"と"贝"との違いに気をつけよう

貝 － 贝　　　貴 － 贵　　　叫 － 叫

中国人の五大姓

张、王、李、赵，遍地 刘。
Zhāng、Wáng、Lǐ、Zhào, biàndì Liú.

「張さん、王さん、李さん、趙さん、至る所に劉さんがいる」
中国人のおよそ１／４の人達がこの五つの姓のいずれかを名乗っていると言われています。

最近は王さん、李さん、劉さん、張さん、陳さんの順に多いようです（陳は "陈 Chén"）。

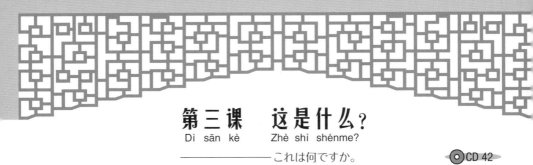

第三课　这是什么？
Dì sān kè　Zhè shì shénme?

————これは何ですか。

CD 42

A：这 是 什么？
　　Zhè shì shénme?

B：这 是 书。
　　Zhè shì shū.

A：那 是 什么？
　　Nà shì shénme?

B：那 是 本子。
　　Nà shì běnzi.

A：这 也 是 书 吗？
　　Zhè yě shì shū ma?

B：不，这 不 是 书，是 杂志。
　　Bù, zhè bú shì shū, shì zázhì.

語句 CD 43

三	sān	3	也	yě	～も
这	zhè	これ	吗	ma	～か
是	shì	～は～だ はい	不	bù	～ではない いいえ
书	shū	本	杂志	zázhì	雑誌
那	nà	それ あれ	些	xiē	複数を表す
本子	běnzi	ノート	课本	kèběn	教科書

ポイント CD 44

1．指示代名詞（1）

単数	这 zhè	那 nà	哪 nǎ
	これ	それ あれ	どれ
複数	这些 zhèxiē / zhèixiē	那些 nàxiē / nèixiē	哪些 nǎxiē / něixiē
	これら	それら あれら	どれら

※"这""那""哪"の後に量詞（→第十課）が来る場合は一が省略された合音となる読み方もある。

这 一 些	zhè yì xiē	→	这些	zhèixiē
那 一 些	nà yì xiē	→	那些	nèixiē
哪 一 些	nǎ yì xiē	→	哪些	něixiē

2．"是"

　　A是B：AはBである。Aの性質を説明する文。

这 是 书。　　これは本です。
Zhè shì shū.

3．"什么"

　　何。文中のたずねたい場所に置く。"什么"の場所に答えとなる言葉を入れる。

那 是 什么?　　それは何ですか。
Nà shì shénme?

　　——那 是 课本。　　それは教科書です。
　　　　Nà shì kèběn.

4．"吗"

　　〜か。文末につける。答えは「はい」か「いいえ」。

　　3の"什么"は"吗"と一緒には使わない。

这 是 书 吗?　　これは本ですか。
Zhè shì shū ma?

　　——是，这 是 书。　／　不，这 不 是 书。
　　　　Shì, zhè shì shū.　／　Bù, zhè bú shì shū.
　　　はい、これは本です。／　いいえ、これは本ではありません。

練習問題

1. ①から③の日本語に合うように（　）に漢字を書き、
　　　にピンインを書いてみよう。

① これは何ですか。

　　（　　　）是（　　　）（　　　）？
　　＿＿＿＿ shì ＿＿＿＿＿＿＿？

② それも教科書です。

　　（　　　）（　　　）是（　　　）（　　　）。
　　＿＿＿＿＿＿＿ shì ＿＿＿＿＿＿＿．

③ それは雑誌ではありません。

　　（　　　）（　　　）是（　　　）（　　　）。
　　＿＿＿＿＿＿＿ shì ＿＿＿＿＿＿＿．

簡体字（３）

書 － 书　　　馬 － 马

第四课 你是哪国人？
Dì sì kè　Nǐ shì nǎ guó rén?

どこの国の人ですか。

A： 你 是 哪 国 人？
　　 Nǐ shì nǎ guó rén?

B： 我 是 日本人，你 呢？
　　 Wǒ shì Rìběnrén, nǐ ne?

A： 我 是 中国人，他 呢？
　　 Wǒ shì Zhōngguórén, tā ne?

B： 他 也 是 日本人。
　　 Tā yě shì Rìběnrén.

A： 他 是 不 是 大学生？
　　 Tā shì bu shì dàxuéshēng?

B： 是，他 是 大学生。
　　 Shì, tā shì dàxuéshēng.

他也是日本人。

語句

四	sì	4		高中生	gāozhōngshēng	高校生
哪国	nǎ guó	どこの国		高中	gāozhōng	高校 "高级中学"
人	rén	人			（gāojí zhōngxué）の略	
日本	Rìběn	日本		大学生	dàxuéshēng	大学生
中国	Zhōngguó	中国		大学	dàxué	大学
呢	ne	～はどうですか				

ポイント

1. "呢"

～はどうですか。　名詞のあとにつけて、状況などをたずねる。

我 是 高中生，你 呢？　私は高校生です。あなたは。
Wǒ shì gāozhōngshēng, nǐ ne?

——我 是 大学生。　私は大学生です。
　　Wǒ shì dàxuéshēng.

2. いろいろな国名

日本語でカタカナで表記する国名は、中国語では漢字で音訳し、最初の一文字を取って通称としている。

アメリカ	美利坚	Měilìjiān	→	美国	Měiguó
フランス	法兰西	Fǎlánxī	→	法国	Fǎguó
ドイツ	德意志	Déyìzhì	→	德国	Déguó
ロシア	俄罗斯	Éluósī	→	俄国	Éguó

日本語で漢字で表記する国名は、中国語でも漢字で書く。

| 韓国 | 大韩民国 | Dàhánmínguó | → | 韩国 | Hánguó |

3．反復疑問文

　　　肯定＋否定→疑問文　～か。

你 是 不 是 高中生？　　あなたは高校生ですか。
Nǐ shì bu shì gāozhōngshēng?

　　——是。／ 不 是。　　はい。／ いいえ。
　　　　Shì. ／ Bú shì.

練習問題

1. ①から④の日本語に合うように（　）に漢字を書き、＿＿＿にピンインを書いてみよう。

① あなたはどこの国の人ですか。

　　你 是（　　）（　　）（　　）？

　　Nǐ shì ＿＿＿＿＿＿＿＿＿？

② 彼女はアメリカ人です。

　　（　　）是（　　）（　　）（　　）。

　　＿＿＿ shì ＿＿＿＿＿＿＿．

③ 彼は大学生ですか。

　　（　　）是（　　）（　　）大学生？

　　＿＿＿ shì ＿＿＿＿＿＿ dàxuéshēng?

④ 私は高校生です。あなたは。

我 是（　）（　）（　），（　）（　）？

Wǒ shì _____ , _____ ?

2. 自分のことをもとに①と②の質問に答え、漢字とピンインの両方を書いてみよう。

① 你是哪国人？

（　　　　　　　　　　　　　　　　　　　　　）

_____

② 我是大学生，你呢？

（　　　　　　　　　　　　　　　　　　　　　）

_____

簡体字（4）

堅 － 坚　　　德 － 德　　　羅 － 罗
韓 － 韩

第五课　这是谁的铅笔？
Dì wǔ kè　　Zhè shì shéi de qiānbǐ?

————これは誰の鉛筆ですか。

CD 48

A：这是谁的铅笔？
　　Zhè shì shéi de qiānbǐ?

B：是我的。
　　Shì wǒ de.

A：那些也是你的吗？
　　Nàxiē yě shì nǐ de ma?

B：不，那些都是铃木的。
　　Bù, nàxiē dōu shì Língmù de.

A：那块橡皮也是铃木的吧？
　　Nà kuài xiàngpí yě shì Língmù de ba?

B：对，那也是铃木的。
　　Duì, nà yě shì Língmù de.

語句

五　wǔ　5
谁　shéi/shuí　誰
的　de　〜の
铅笔　qiānbǐ　鉛筆
都　dōu　みな　すべて
块　kuài　塊条のものを数える
　（→第十課「量詞」）

橡皮　xiàngpí　消しゴム
铃木　Língmù　鈴木（人名）
吧　ba　〜だろう　〜しよう
对　duì　はい　その通りです
写　xiě　書く
走　zǒu　歩く　行く

ポイント

1．"的"（1）

①〜の　〜のもの。②名詞を修飾する成分を作る。

我的　私の（もの）
wǒ de

我的书　私の本
wǒ de shū

他写的书　彼が書いた本
tā xiě de shū

2．"谁"

誰。文中でたずねたい内容の場所に置く。

答えの文は"谁"の位置に答えとなる言葉を入れる。

这是谁的铅笔？　これは誰の鉛筆ですか。
Zhè shì shéi de qiānbǐ?

——是我的。　私のです。
　　Shì wǒ de.

3. "吧"

① 〜だろう。

你们 都 是 高中生 吧?
Nǐmen dōu shì gāozhōngshēng ba?
あなた達はみんな高校生でしょう。

② 〜しよう。〜してください。

我们 走 吧。　私達行きましょう。
Wǒmen zǒu ba.

いずれも文末に用いる。

練習問題

1. ①から③の日本語に合うように（　）に漢字を書き、＿＿＿にピンインを書いてみよう。

① これは誰の鉛筆ですか。

(　　) 是 (　　) (　　) (　　) 笔?
　　　 shì　　　　　　　　　　　 bǐ?

② これは彼の鉛筆です。

(　　) 是 (　　) (　　) (　　) 笔。
　　　 shì　　　　　　　　　　　 bǐ.

③ それは彼女の消しゴムでしょう。

(　　) 是 (　　) 的 (　　) (　　) (　　)?
　　　 shì　　　　 de　　　　　　　　　　?

2. ①から③の日本語を中国語に訳して、漢字とピンインの両方を書いてみよう。

① これは誰のノートですか。

(　　　　　　　　　　　　　　　　　　　　　　　　　　　)

② それもあなたの雑誌ですか。

(　　　　　　　　　　　　　　　　　　　　　　　　　　　)

③ それらはみな鈴木さんの雑誌です。

(　　　　　　　　　　　　　　　　　　　　　　　　　　　)

簡体字（5）

写 － 写　　　雑 － 杂　　　誌 － 志
筆 － 笔

第六课 今天星期几?
Dì liù kè　Jīntiān xīngqījǐ?

——————今日は何曜日ですか。　　　　　CD 51

A：今天　星期几?
　　Jīntiān　xīngqījǐ?

B：今天　星期一。
　　Jīntiān　xīngqīyī.

A：明天　星期几?
　　Míngtiān xīngqījǐ?

B：明天　星期二。
　　Míngtiān xīngqī'èr.

A：昨天　是　星期日　吧?
　　Zuótiān　shì　xīngqīrì　　ba?

B：是，昨天　是　星期日。
　　Shì,　zuótiān　shì　xīngqīrì.

語句　　CD 52

六　liù　　6
今天　jīntiān　今日
几　jǐ　いくつ
星期几　xīngqījǐ　何曜日
星期一　xīngqīyī　月曜日

明天　míngtiān　明日
昨天　zuótiān　昨日
星期二　xīngqī'èr　火曜日
星期日　xīngqīrì　日曜日

ポイント　　CD 53

1．数字（1）

| 零／〇 | 一 | 二 | 三 | 四 | 五 | 六 | 七 | 八 | 九 | 十 |
| líng | yī | èr | sān | sì | wǔ | liù | qī | bā | jiǔ | shí |

| 十一 | …… | 十九 | 二十 | 二十一 | …… | 九十九 |
| shíyī | | shíjiǔ | èrshí | èrshiyī | | jiǔshijiǔ |

2．曜日の言いかた

| 星期一　月 | 星期四　木 | 星期日／天　日 |
| xīngqīyī | xīngqīsì | xīngqīrì／tiān |

| 星期二　火 | 星期五　金 |
| xīngqī'èr | xīngqīwǔ |

| 星期三　水 | 星期六　土 |
| xīngqīsān | xīngqīliù |

隔音記号："'"　音節の切れ目を示す。　a・o・eで始まる音節の前に用いる。
　　　　　星期二　xīngqī'èr

※曜日、月日などの時は"是"を省略することができる。

3．"几"

数をたずねる言葉。答えがおよそ十以下の数になりそうな時などに使う。

明天 星期几？　明日は何曜日ですか。
Míngtiān xīngqījǐ？

4．時間に関する言葉（1）

前天	昨天	今天	明天	后天
qiántiān	zuótiān	jīntiān	míngtiān	hòutiān
一昨日	昨日	今日	明日	明後日

前年	去年	今年	明年	后年
qiánnián	qùnián	jīnnián	míngnián	hòunián
一昨年	去年	今年	来年	再来年

練習問題

1．①から③の日本語に合うように（　）に漢字を書き、＿＿＿にピンインを書いてみよう。

① 今日は何曜日ですか。

（　　）天（　　）期（　　）？

＿＿＿ tiān ＿＿＿ qī ＿＿＿？

② 明日は木曜日です。

（　　）天（　　）期（　　）。

＿＿＿ tiān ＿＿＿ qī ＿＿＿．

③ 昨日は日曜日でしょう。

(　　　)天(　　　)(　　　)期(　　　)(　　　)?
　　　　tiān　　　　　　　　qī　　　　　　　?

2．今の状況をもとに、①と②の質問について中国語で答え、漢字とピンインの両方を書いてみよう。

① 今天星期几？

(　　　　　　　　　　　　　　　　　　　　　)

② 明天是星期五吗？

(　　　　　　　　　　　　　　　　　　　　　)

簡体字（6）

幾 － 几　　機 － 机

第六课 今天星期几？　41

第七课 今天几号?
Dì qī kè Jīntiān jǐ hào?

———今日は何日ですか。   ◎CD 54

A：今天 几 号?
　　Jīntiān jǐ hào?

B：今天 十 号。
　　Jīntiān shí hào.

A：明天 几 月 几 号?
　　Míngtiān jǐ yuè jǐ hào?

B：明天 九 月 一 号。
　　Míngtiān jiǔ yuè yī hào.

A：十 月 一 号 是 星期几?
　　Shí yuè yī hào shì xīngqījǐ?

B：十 月 一 号 是 星期日。
　　Shí yuè yī hào shì xīngqīrì.

語句

号	hào	日		年	nián	年
月	yuè	月		生日	shēngrì	誕生日

ポイント

1．年月日の言いかた

① 年月日の順番は日本語と同じである。西暦の年は粒読みをする。

二〇一五 年 五 月 十五 号。　2015年5月15日
Èrlíngyīwǔ nián wǔ yuè shíwǔ hào.

我 的 生日 是 一九九八 年 四 月 二 号。
Wǒ de shēngrì shì yījiǔjiǔbā nián sì yuè èr hào.
私の誕生日は1998年4月2日です。

② 「日」については、話し言葉では"号"、書き言葉では"日"を使う。

（会話）明天 九 月 一 号。　明日は9月1日です。
　　　　Míngtiān jiǔ yuè yī hào.

（書面）明天 九 月 一 日。　明日は9月1日です。
　　　　Míngtiān jiǔ yuè yī rì.

練習問題

1. ①から③の日本語に合うように（　）に漢字を書き、
　　　　　　にピンインを書いてみよう。

① 今日は何月何日ですか。

（　　　）天（　　　）月（　　　）号?
　　　tiān　　　　yuè　　　　hào?

② 明日は十月三十日です。

（　　）天（　　）（　　）月（　　）（　　）号。
　　tiān　　　　　　yuè　　　　　　hào.

③ 九月十四日は火曜日です。

（　　）月（　　）（　　）号 是 星期（　　　）。
　　yuè　　　　　hào shì xīngqī　　.

2. 今日の日付などをもとに①から③の中国語の質問に答え、漢字とピンインの両方を書いてみよう。

① 昨天几号?

（　　　　　　　　　　　　　　　　　　　　　　）
　　　　　　　　　　　　　　　　　　　　　　　　

② 明天星期几?

（　　　　　　　　　　　　　　　　　　　　　　）

③ 国庆节是几月几号?
　　（　　　　　　　　　　　　　　　　　　　　　　　　　）

中国の祝日

中国の代表的な祝日は国慶節と春節です。

国慶節（国庆节 Guóqìngjié）西暦10月1日

中華人民共和国の建国記念日です。1949年10月1日に、毛沢東主席が北京の天安門の楼上から建国を宣言したことによります。"十一"と呼ばれ、中国ではこの日をはさんで約一週間が大型連休となります。

春節（春节 Chūnjié）旧暦1月1日

春節は旧暦の正月です。中国ばかりではなく、中華圏では最も重要な祭日で、盛大に祝います。全国各地から帰省する時期も含めて、前後一週間以上の大型連休になります。旧暦なので、私達が日常使っている西暦のカレンダーと異なります。

第八课　现在几点？
Dì bā kè　Xiànzài jǐ diǎn?

————今何時ですか。

A：现在 几 点？
　　Xiànzài jǐ diǎn?

B：现在 八 点。
　　Xiànzài bā diǎn.

A：现在 几 点 几 分？
　　Xiànzài jǐ diǎn jǐ fēn?

B：现在 两 点 十五 分。
　　Xiànzài liǎng diǎn shíwǔ fēn.

A：几 点 了？
　　Jǐ diǎn le?

B：三 点 半。
　　Sān diǎn bàn.

語句

现在　xiànzài　今
点　diǎn　時
几点　jǐ diǎn　何時
分　fēn　分
几分　jǐ fēn　何分
两点　liǎng diǎn　2時

两　liǎng　2
　　個数を数える時などに使う
了　le　文末に置き状態の変化を表す
　　（→第十九課）
半　bàn　半　30分

ポイント

1．時間の言いかた

1：00　一点（钟）　　　　yì diǎn zhōng

"钟"はきりの良い時間の後につけることがある。

2：15　两　点　十　五　分　　liǎng diǎn shíwǔ fēn
　　　　两　点　一　刻　　　　liǎng diǎn yí kè

2時は"两点"。2時2分は"两点零二分"。12時は"十二点"

"一刻"は15分。

3：30　三　点　三　十　分　　sān diǎn sānshí fēn
　　　　三　点　半　　　　　　sān diǎn bàn

30分は日本語と同じく"半"を使う。

"刻"は使わない。

4：45　四　点　四十五　分　　sì diǎn sìshiwǔ fēn
　　　　四　点　三　刻　　　　sì diǎn sān kè

２．時間に関する言葉（２）

早上	上午	中午	下午	晚上
zǎoshang	shàngwǔ	zhōngwǔ	xiàwǔ	wǎnshang
朝	午前	昼	午後	夜

練習問題

1. ①と②の日本語に合うように（　）に漢字を書き、＿＿＿＿にピンインを書いてみよう。

   ① 今何時ですか。

   （　　　）在（　　　）点？
   　　　　zài　　　　diǎn?

   ② 今二時二十分です。

   （　　）在（　　）点（　　）（　　）分。
   　　　zài　　　diǎn　　　　　　　fēn.

2. 今の時間を中国語で表し、漢字とピンインの両方を書いてみよう。

   (　　　　　　　　　　　　　　　　　　　　　　　　　)

   ＿＿＿＿＿＿＿＿＿＿＿＿＿＿＿＿＿＿＿＿＿＿＿＿

簡体字（7）

両 － 两　　鐘 － 钟　　虎 － 虎
龍 － 龙　　鶏 － 鸡

十二支

十二支は時間や方角を表します。動物は日本とほぼ同じですが、中国では"猪"は「いのしし」ではなく「ぶた」です。

十二支	動物	時間
子 zǐ	鼠 shǔ	23〜1時
丑 chǒu	牛 niú	1〜3時
寅 yín	虎 hǔ	3〜5時
卯 mǎo	兔 tù	5〜7時
辰 chén	龙 lóng	7〜9時
巳 sì	蛇 shé	9〜11時
午 wǔ	马 mǎ	11〜13時
未 wèi	羊 yáng	13〜15時
申 shēn	猴 hóu	15〜17時
酉 yǒu	鸡 jī	17〜19時
戌 xū	狗 gǒu	19〜21時
亥 hài	猪 zhū	21〜23時

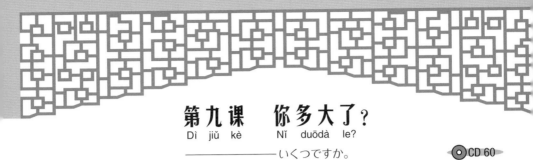

第九课　你多大了？
Dì jiǔ kè　Nǐ duōdà le?

————————いくつですか。　　　　　CD 60

A：你 多大 了？
　　Nǐ duōdà le?

B：我 十七 岁 了，你 呢？
　　Wǒ shíqī suì le, nǐ ne?

A：我 也 是 十七 岁。
　　Wǒ yě shì shíqī suì.

A：你 是 几 年级 的 学生？
　　Nǐ shì jǐ niánjí de xuésheng?

B：我 是 高中 二 年级 的 学生。
　　Wǒ shì gāozhōng èr niánjí de xuésheng.

A：你 属 什么？
　　Nǐ shǔ shénme?

B：我 属 猪。
　　Wǒ shǔ zhū.

語句

多大	duōdà	学生	xuésheng 生徒・学生
（年齢は）いくつですか		属	shǔ （干支は）〜年である
岁	suì 才	年纪	niánjì 年齢
年级	niánjí 学年		

ポイント

1. 年齢のたずねかた

您 多大 年纪 了？ （年長者に対して）
Nín duōdà niánjì le？

你 多大 了？ （同じくらいか目下の人に対して）
Nǐ duōdà le？

你 几岁 了？ （子供に対して）
Nǐ jǐsuì le？

2. 数字（2）

100	一百 yìbǎi	200	二百／两百 èrbǎi / liǎngbǎi	10000	一万 yíwàn
101	一百零一 yìbǎilíngyī	1000	一千 yìqiān		
110	一百一（十） yìbǎiyī(shí)	1010	一千零一十 yìqiānlíngyīshí		

練習問題

1. ①から④の日本語に合うように（　）に漢字を書き、
　　＿＿＿＿にピンインを書いてみよう。

① あなたはいくつですか。

你（　　）（　　）了？

Nǐ ＿＿＿＿＿＿＿＿＿＿ le?

② あなたはおいくつですか。

您（　　）（　　）（　　）（　　）了？

Nín ＿＿＿＿＿＿＿＿＿＿＿＿＿＿＿＿＿＿＿＿ le?

③ 私は十八才です。

我（　　）（　　）岁。

Wǒ ＿＿＿＿＿＿＿＿＿＿ suì.

④ 私はいぬ年です。

我（　　）（　　）。

Wǒ ＿＿＿＿＿＿＿＿＿＿ .

2. 自分のことをもとに①から④の中国語の質問に答え、漢字とピンインの両方を書いてみよう。

① 你多大了？

（　　　　　　　　　　　　　　　　　　　　　　　　）

② 你的生日是几月几号？

（　　　　　　　　　　　　　　　　　　　　　　　　）

③ 你几年级？

（　　　　　　　　　　　　　　　　　　　　　　　　）

④ 你属什么？

（　　　　　　　　　　　　　　　　　　　　　　　　）

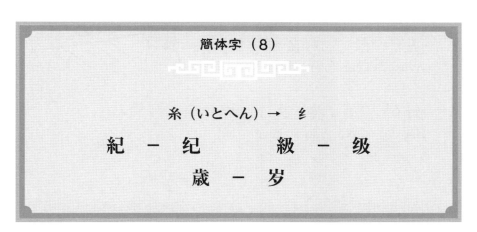

簡体字（8）

糸（いとへん）→ 纟

紀 － 纪　　級 － 级

歲 － 岁

第十课　多少钱？
Dì shí kè　Duōshao qián?

——————いくらですか。

A：那个 多少 钱？
　　Nàge duōshao qián?

B：九十 块。
　　Jiǔshí kuài.

A：太 贵 了。这个 呢？
　　Tài guì le. Zhège ne?

B：这个 六十 块。
　　Zhège liùshí kuài.

A：便宜 一点儿 吧！
　　Piányi yìdiǎnr ba!

便宜一点儿吧！

B：五十 块，怎么样？
　　Wǔshí kuài, zěnmeyàng?

A：好的。我 要 这个 吧！
　　Hǎo de. Wǒ yào zhège ba!

語句

多少钱　duōshao qián　いくらですか
多少　duōshao　いくつ　答えが２ケタ以上の数の時などに使う
钱　qián　お金
那个　nàge/nèige　それ あれ
个　ge　事物を数える言葉
块　kuài　"元"の口語
太…了　tài...le　とても～だ

贵　guì　（値段が）高い
这个　zhège/zhèige　これ
便宜　piányi　安い 安くする
一点儿　yìdiǎnr　少し
怎么样　zěnmeyàng　どうですか
好的　hǎo de　良いですよ
要　yào　ほしい
枝　zhī　～本
笔　bǐ　筆記用具　ペン

ポイント

1．お金の言いかた

1 元（块）　 = 　10 角（毛）　 = 　100 分（分）　（ ）は主に口語
　yuán (kuài)　　　 jiǎo (máo)　　　　fēn (fēn)

2．量詞（助数詞）

个：幅広く使う。　枝：棒状のものを数える。～本

本：本などを数える。～冊

"数＋量詞＋名詞"の形で使う。

一　个　学生　　一人の学生　　　　両　枝　铅笔　　二本の鉛筆
yí　ge　xuésheng　　　　　　　　liǎng zhī qiānbǐ

"这""那""哪"の後に名詞が続く時は間に量詞を入れる。

这 本 书　この本　　　那 四 枝 笔　あの四本のペン
zhè běn shū　　　　　　　nà sì zhī bǐ

練習問題

1. ①から③の日本語に合うように（　）に漢字を書き、
　　　　　にピンインを書いてみよう。

① これはいくらですか。

（　　）（　　）多少（　　）？
　　　　　　duōshao　　　？

② 12元2角です。

（　　）（　　）块（　　）毛。
　　　　　kuài　　　máo.

③ 私は鉛筆が二本ほしいです。

我 要（　　）（　　）（　　）（　　）。
Wǒ yào　　　　　　　　　　　　　　　．

2. 次の①から④の日本語を中国語に訳して、漢字とピンインの両方を書いてみよう。

① A：これはいくらですか。

(　　　　　　　　　　　　　　　　　　　　　　　　　)

② B：10元です。

(　　　　　　　　　　　　　　　　　　　　　　　　　)

③ A：その本は。

(　　　　　　　　　　　　　　　　　　　　　　　　　)

④ B：30元です。

(　　　　　　　　　　　　　　　　　　　　　　　　　)

第十一课　你要买什么？
Dì shí yī kè　Nǐ yào mǎi shénme?

————何を買うつもりですか。　　　◎ CD 66

A：你 要 买 什么？
　　Nǐ yào mǎi shénme?

B：我 要 买 电子 词典。
　　Wǒ yào mǎi diànzǐ cídiǎn.

A：我 也 想 买 电子 词典。
　　Wǒ yě xiǎng mǎi diànzǐ cídiǎn.

　　我们 一起 去 买，怎么样？
　　Wǒmen yìqǐ qù mǎi, zěnmeyàng?

B：太 好 了！ 一起 去 吧！
　　Tài hǎo le!　Yìqǐ qù ba!

語句

要 yào	～するつもり ～したい	
买 mǎi	買う	
想 xiǎng	～したい	
电子词典 diànzǐ cídiǎn	電子辞書	
一起 yìqǐ	一緒に	
去 qù	行く	
好 hǎo	良い	
看 kàn	見る 読む	
电视 diànshì	テレビ	
百货商店 bǎihuò shāngdiàn	デパート	
商店 shāngdiàn	店	
东西 dōngxi	物	
电影 diànyǐng	映画	

ポイント

1．"要""想"

～するつもりである。～したい。動詞の前に置いて願望を表す。この意味の場合、否定はどちらも"不想"。

我 要 买 电子 词典。　　私は電子辞書を買うつもりです。
Wǒ yào mǎi diànzǐ cídiǎn.

你 想 不 想 看 电视?　　あなたはテレビを見たいですか。
Nǐ xiǎng bu xiǎng kàn diànshì ?

——想，我 想 看 电视。　　はい、私はテレビが見たいです。
　　 Xiǎng, wǒ xiǎng kàn diànshì.

——不 想，我 不 想 看 电视。　　いいえ、私はテレビを見たく
　　 Bù xiǎng, wǒ bù xiǎng kàn diànshì.　　　ありません。

2．連動文

動詞が二つ以上用いられる場合、動作が行われる順番に動詞が並ぶ。

我们 一起 去 看 电影，怎么样？
Wǒmen yìqǐ qù kàn diànyǐng, zěnmeyàng?

　　　　　　　　　　　　私達、一緒に映画を見に行きませんか。

我 想 去 百货 商店 买 东西。
Wǒ xiǎng qù bǎihuò shāngdiàn mǎi dōngxi.

　　　　　　　　　　　　私はデパートに買い物に行きたい。
　　　　　　　　　　　（私はデパートに行って買い物がしたい。）

練習問題

1．①から③の日本語に合うように（　）に漢字を書き、＿＿にピンインを書いてみよう。

① 私はテレビを買うつもりです。

　　我 要（　　）（　　）（　　）。

　　Wǒ yào ＿＿＿＿＿＿＿＿＿＿＿.

② 私は電子辞書を買いたくありません。

　　我 不（　　）（　　）（　　）子（　　）典。

　　Wǒ bù ＿＿＿＿＿＿ zǐ ＿＿＿ diǎn.

③ あなたは映画が見たいですか。

　　你 想（　　）（　　）（　　）（　　）？

　　Nǐ xiǎng ＿＿＿＿＿＿＿＿＿＿＿？

2. ①から③の日本語を中国語に訳し、漢字とピンインの両方を書いてみよう。

① 私達、一緒に買いに行きませんか。

　（　　　　　　　　　　　　　　　　　　　　　　　　　　　）

　--

② あなたはテレビが見たいですか。

　（　　　　　　　　　　　　　　　　　　　　　　　　　　　）

　--

③ 私はデパートに行きたくありません。

　（　　　　　　　　　　　　　　　　　　　　　　　　　　　）

　--

簡体字（9）

買 － 买　　　東 － 东　　　角 － 角

電 － 电　　"雨"を外しただけではないので注意。

第十二课 你家有几口人？
Dì shí'èr kè Nǐ jiā yǒu jǐ kǒu rén?

——————何人家族ですか。

A：你 家 有 几 口 人？
　　Nǐ jiā yǒu jǐ kǒu rén?

B：我 家 有 三 口 人，爸爸、妈妈 和 我。
　　Wǒ jiā yǒu sān kǒu rén, bàba, māma hé wǒ.

A：你 爸爸 做 什么 工作？
　　Nǐ bàba zuò shénme gōngzuò?

B：我 爸爸 是 公司 职员。
　　Wǒ bàba shì gōngsī zhíyuán.

A：你 妈妈 也 工作 吗？
　　Nǐ māma yě gōngzuò ma?

B：我 妈妈 不 工作。
　　Wǒ māma bù gōngzuò.

語句

家　jiā　家
有　yǒu　ある　いる
口　kǒu　家族の人数を数える
爸爸　bàba　父
妈妈　māma　母
和　hé　～と

做　zuò　する
工作　gōngzuò　仕事（をする）
公司职员　gōngsī zhíyuán　会社員
没　méi　～ない
妹妹　mèimei　妹

ポイント

1．"有"（1）

　　ある、いる、持っている。否定は"没"を使う。

我 家 有 三 口 人。　　私は三人家族です。
Wǒ jiā yǒu sān kǒu rén.

我 没 有 妹妹。　　私は妹はいません。
Wǒ méi yǒu mèimei.

2．"的"（2）

　　人称代名詞の後に親族等の名称が続く場合、"的"は普通用いない。

我 爸爸　　　他 妈妈　　　她 妹妹
wǒ bàba　　　tā māma　　　tā mèimei

私の父　　　　彼の母　　　　彼女の妹

3．親族の名称

練習問題

1. ①と②の日本語に合うように（　）に漢字を書き、
　　＿＿＿＿にピンインを書いてみよう。

① 私の父は会社員です。

我　爸爸　是（　　　）（　　　）（　　　）（　　　）。

Wǒ bàba shì ＿＿＿＿＿＿＿＿＿＿＿＿＿＿＿＿．

② 私は妹はいません。

我（　　　）（　　　）（　　　）（　　　）。

Wǒ ＿＿＿＿＿＿＿＿＿＿＿＿＿＿＿＿＿＿＿＿．

2. 自分のことをもとに次の①の中国語の質問に答え、漢字とピンインの両方を書いてみよう。

① 你家有几口人？
(   )

一人っ子政策

　中国政府は人口抑制のため漢民族に対して、1979年から2015年まで一人っ子政策を実施しました。ただし、少数民族に対しては適用していません。2016年には二人っ子政策が始まりました。
　一人っ子は"**独生子女**（dúshēngzǐnǚ）"といいます。一人っ子政策の下で生まれた子供は家庭でも、社会でも大事に育てられているので"**小皇帝**（xiǎohuángdì）"と呼ばれています。

第十三课　请问，中文教室在哪儿？
Dì shí sān kè　　Qǐngwèn, Zhōngwén jiàoshì zài nǎr?

──────すみません、中国語教室はどこですか。　

A：请问，李 老师 在 哪儿？
　　Qǐngwèn, Lǐ lǎoshī zài nǎr?

B：她 在 中文 教室 教 汉语。
　　Tā zài Zhōngwén jiàoshì jiāo Hànyǔ.

A：中文 教室 在 哪儿？
　　Zhōngwén jiàoshì zài nǎr?

B：在 那儿。
　　Zài nàr.

A：在 哪儿？
　　Zài nǎr?

B：在 楼梯 左边儿。
　　Zài lóutī zuǒbiānr.

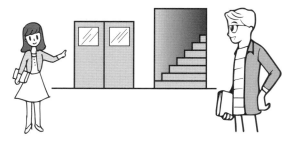

語句 　　　　　　　　　　　　CD 73

请问	qǐngwèn	おたずねします		汉语	Hànyǔ	中国語
中文	Zhōngwén	中国語		那儿	nàr	そこ　あそこ
教室	jiàoshì	教室		楼梯	lóutī	階段
在	zài	〜にある・いる　〜で		左边儿	zuǒbiānr	左
哪儿	nǎr	どこ		厕所	cèsuǒ	トイレ
李	Lǐ	李（人名）		弹	tán	弾く
老师	lǎoshī	先生		钢琴	gāngqín	ピアノ
教	jiāo	〜に〜を教える				

ポイント 　　　　　　　　　CD 74

1. 指示代名詞（2）

这儿／这里 zhèr／zhèli	那儿／那里 nàr／nàli	哪儿／哪里 nǎr／nǎli
ここ	そこ　あそこ	どこ

左側は主に会話で、右側は会話・書き言葉どちらも使える。

2. 方向を表す言葉

里边儿	外边儿	上边儿	下边儿	
lǐbiānr	wàibiānr	shàngbiānr	xiàbiānr	
中	外	上	下	

前边儿	后边儿	左边儿	右边儿	旁边儿
qiánbiānr	hòubiānr	zuǒbiānr	yòubiānr	pángbiānr
前	後	左	右	そば

"里"・"上" は "边儿" をつけずに名詞の後に用いることもある。

3．"在"（1）

① 〈人・物〉"在"（場所）：〈人・物〉が（場所）にいる・ある

厕所 在 那儿。　トイレはあそこにあります。
Cèsuǒ zài nàr.

他 不 在 这儿。　彼はここにいません。
Tā bú zài zhèr.

② "在"（場所）＋動詞：（場所）で～する

她 在 教室 弹 钢琴。　彼女は教室でピアノを弾いています。
Tā zài jiàoshì tán gāngqín.

練習問題

1．①と②の日本語に合うように（　）に漢字を書き、
　　　にピンインを書いてみよう。

① トイレはどこにありますか。

（　　）所（　　）哪儿?
　　　suǒ　　　　nǎr?

② 階段の左側です。

（　）（　　）（　　）左（　　）（　　）。
　　　　　　　　　　zuǒ

2．①から③の日本語を中国語に訳し、漢字とピンインの両方を書いてみよう。

① トイレはあそこにはありません。

（　　　　　　　　　　　　　　　　　　　　　　　）

② 彼らは教室で雑誌を読んでいます。

（　　　　　　　　　　　　　　　　　　　　　　　）

③ あなたのお父さんはどこで働いていますか。

（　　　　　　　　　　　　　　　　　　　　　　　）

簡体字（10）

辺 － 边　　　弾 － 弹　　　兒 － 儿

第十四课　图书馆里有汉语书吗？
Dì shí sì kè　　Túshūguǎn li yǒu Hànyǔshū ma?

———————図書館に中国語の本はありますか。　　◎ CD 75

A：图书馆 里 有 汉语书 吗？
　　Túshūguǎn li yǒu Hànyǔshū ma?

B：没有。
　　Méiyǒu.

A：学生们 在 图书馆 做 什么 呢？
　　Xuéshengmen zài túshūguǎn zuò shénme ne?

B：有的 在 学习，有的 在 查 资料。
　　Yǒude zài xuéxí, yǒude zài chá zīliào.

A：李 老师 在 图书馆 吗？
　　Lǐ lǎoshī zài túshūguǎn ma?

B：不在，她 在 办公室 开会。
　　Bú zài, tā zài bàngōngshì kāihuì.

語句 　　　CD 76

图书馆	túshūguǎn	図書館
呢	ne	文末に置く ～している
有的	yǒude	ある人 あるもの
在	zài	～している
学习	xuéxí	勉強する 学ぶ
查	chá	調べる
资料	zīliào	資料
办公室	bàngōngshì	事務室 職員室
开会	kāihuì	会議をする
桌子	zhuōzi	テーブル
没（有）	méi(yǒu)	～していない
做	zuò	作る
做菜	zuò cài	料理をする
房间	fángjiān	部屋
张	zhāng	テーブル等の量詞

ポイント　　　CD 77

1．"有"（2）

（場所）"有"〈人・物〉：（場所）に〈人・物〉がいる・ある

桌子 上 有 一 本 词典。　テーブルの上に辞書が一冊あります。
Zhuōzi shang yǒu yì běn cídiǎn.

里边儿 没有 人。　中に人はいません。
Lǐbiānr méiyǒu rén.

2．"在"（2）

"在"＋動詞……"呢"：～している

她 在 看 书 呢。　彼女は本を読んでいます。
Tā zài kàn shū ne.

"在"と"呢"は、いずれか一つだけでも進行を表す。

進行を表す"在"の否定は"没（有）"を使う。否定の場合は"呢"は使わない。

他 没 在 看 书。　彼は本を読んでいません。
Tā méi zài kàn shū.

我 姐姐 没 在 做 菜。　私の姉は料理をしていません。
Wǒ jiějie méi zài zuò cài.

練習問題

1. ①と②の日本語に合うように（　）に漢字を書き、
　　　にピンインを書いてみよう。

① あなたは何をしていますか。

你（　　　）（　　　）什么？

Nǐ _____ shénme?

② テーブルの上には何がありますか。

（　　　）（　　　）上（　　　）什么？

_____ shang _____ shénme?

2. ①から③の日本語を中国語に訳し、漢字とピンインの両方を書いてみよう。

① 彼女は料理をしています。

　（　　　　　　　　　　　　　　　　　　　　　　　）

② テーブルの上に消しゴムが二つあります。

　（　　　　　　　　　　　　　　　　　　　　　　　）

③ 部屋にはテーブルが一つあります。

　（　　　　　　　　　　　　　　　　　　　　　　　）

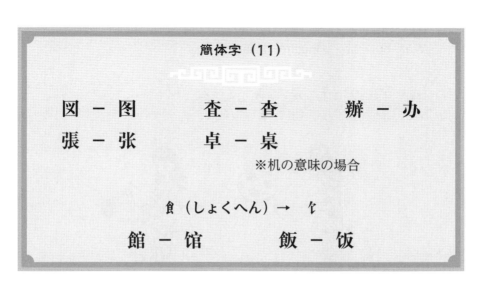

第十五课　你的爱好是什么？
Dì shíwǔ kè　Nǐ de àihào shì shénme?

———趣味は何ですか。

A：你 的 爱好 是 什么？
　　Nǐ de àihào shì shénme?

B：我 的 爱好 是 读书。
　　Wǒ de àihào shì dúshū.

A：你 喜欢 读 什么 书？
　　Nǐ xǐhuan dú shénme shū?

B：我 喜欢 读 推理 小说，你 呢？
　　Wǒ xǐhuan dú tuīlǐ xiǎoshuō, nǐ ne?

A：我 不 太 喜欢 读书。
　　Wǒ bú tài xǐhuan dúshū.

　　我 的 爱好 是 踢 足球。
　　Wǒ de àihào shì tī zúqiú.

語句

爱好	àihào	趣味
读书	dúshū	読書（する）（"看书"とも）
喜欢	xǐhuan	好き
推理小说	tuīlǐ xiǎoshuō	推理小説
不太	bú tài	あまり～ではない
踢	tī	蹴る
足球	zúqiú	サッカー
听	tīng	聴く
音乐	yīnyuè	音楽
吃	chī	食べる
炒饭	chǎofàn	チャーハン

ポイント

1．動詞と目的語の組み合わせ
（球技を）する

　足を使う球技は"踢"（蹴る）を使い、手を使う球技は"打"（たたく）を使う。

踢 足球　tī zúqiú　サッカーをする
打 棒球　dǎ bàngqiú　野球をする
打 排球　dǎ páiqiú　バレーボールをする
打 篮球　dǎ lánqiú　バスケットボールをする

2．いろいろな趣味

打 扑克　dǎ pūkè　トランプをする
画 画儿／漫画　huà huàr／mànhuà　絵／漫画を描く
跳舞　tiàowǔ　ダンスをする
唱 卡拉OK　chàng kǎlā'ōu kèi　カラオケをする
玩儿 电子游戏　wánr diànzǐ yóuxì　ゲームをする

練習問題

1. ①と②の日本語に合うように（　）に漢字を書き、
　　　　にピンインを書いてみよう。

　① あなたの趣味はなんですか。

　　你 的（　　　）（　　　）是（　　　）么？

　　Nǐ de 　　　　　　　shì　　　　　me?

　② 私の趣味は音楽を聴くことです。

　　我 的（　　　）（　　　）是（　　　）音（　　　）。

　　Wǒ de 　　　　　　　shì　　　　　yīn　　　　.

2. 自分のことをもとに①から③の中国語の質問に答え、
　漢字とピンインの両方を書いてみよう。

　① 你喜欢听音乐吗？

　　（　　　　　　　　　　　　　　　　　　　　　　　）

　　　　　　　　　　　　　　　　　　　　　　　　　　　

　② 你喜欢打篮球吗？

　　（　　　　　　　　　　　　　　　　　　　　　　　）

　　　　　　　　　　　　　　　　　　　　　　　　　　　

　③ 你喜欢吃炒饭吗？

　　（　　　　　　　　　　　　　　　　　　　　　　　）

簡体字（12）

愛 － 爱　　読 － 读　　歓 － 欢
楽 － 乐　　聴 － 听　　画 － 画
戯 － 戏

中国料理

"东辣、西酸、南甜、北咸（dōnglà、xīsuān、nántián、běixián）"「東は辛く、西はすっぱく、南は甘く、北は塩辛い」。これは中国料理の特色を表した言葉です。

　主食については、南は米（**大米** dàmǐ）で、北は小麦粉（**面粉** miànfěn）を中心とした食生活です。小麦粉を加工した粉食（**面食** miànshí）の種類は非常に多く、例えば、ギョウザ（**饺子** jiǎozi）、揚げパン（**油条** yóutiáo）、麺（**面条** miàntiáo）、あんの入っていない中華まん（**馒头** mántou　**花卷儿** huājuǎnr）、あんの入っている中華まん（**包子** bāozi）などがあります。

第十六课　你会说汉语吗？
Dì shí liù kè　Nǐ huì shuō Hànyǔ ma?

——中国語が話せますか。

A：你 会 说 汉语 吗？
　　Nǐ huì shuō Hànyǔ ma?

B：会 一点儿。
　　Huì yìdiǎnr.

A：汉语 难 不 难？
　　Hànyǔ nán bu nán?

B：难，发音 特别 难。
　　Nán, fāyīn tèbié nán.

A：你 还 会 说 英语 吧？
　　Nǐ hái huì shuō Yīngyǔ ba?

B：也 会 说 一点儿。
　　Yě huì shuō yìdiǎnr.

語句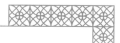

会　huì　～できる
说　shuō　話す
难　nán　難しい
发音　fāyīn　発音
特别　tèbié　特に

还　hái　さらに
很　hěn　とても
游泳　yóuyǒng　泳ぐ
英语　Yīngyǔ　英語

ポイント

1．"会"

（習得の結果）～できる。動詞の前に置いて使い、単独でも使うことができる。

我 会 说 汉语。　　私は中国語が話せます。
Wǒ huì shuō Hànyǔ.

你 会 不 会 游泳?　　あなたは泳げますか。
Nǐ huì bu huì yóuyǒng?

——会，我 会 游泳。　　はい、私は泳げます。
　　　Huì, wǒ huì yóuyǒng.

——不 会，我 不 会 游泳。　　いいえ、私は泳げません。
　　　Bú huì, wǒ bú huì yóuyǒng.

２．形容詞を使った文

形容詞が述語になる時は"很"などの副詞（動詞や形容詞の前に用いてそれらを修飾する言葉）を入れる。

この場合の"很"は「とても」という意味はうすれるが、「とても」という意味の時は強く発音する。

发音 很 难。　　発音は（とても）難しいです。
Fāyīn hěn nán.

この場合の"很"は否定文や疑問文には入れない。

汉语 难 吗?　　中国語は難しいですか。
Hànyǔ nán ma?

汉语 不 难。　　中国語は難しくありません。
Hànyǔ bù nán.

"很"を否定文や疑問文に入れた時は「とても」という意味になる。

練習問題

1. ①と②の日本語に合うように（　）に漢字を書き、_____にピンインを書いてみよう。

   ① あなたは中国語が話せますか。

      你（　　）（　　）汉语 吗?

      Nǐ _____ Hànyǔ ma?

   ② 中国語は難しいですか。

      汉语（　　）不（　　）?

      Hànyǔ _____ bu _____ ?

2. 自分のことをもとに①から③の中国語の質問に答え、漢字とピンインの両方を書いてみよう。

① 你会说英语吗？

（　　　　　　　　　　　　　　　　　　　　　　　　　　　　）

② 你会游泳吗？

（　　　　　　　　　　　　　　　　　　　　　　　　　　　　）

③ 汉语难不难？

（　　　　　　　　　　　　　　　　　　　　　　　　　　　　）

简体字（13）

発 － 发　　　難 － 难

第十七课　你明天能来吗？
Dì shí qī kè　　Nǐ míngtiān néng lái ma?

――――明日来られますか。

A：你 明天 能 来 吗？
　　Nǐ míngtiān néng lái ma?

B：对不起，我 明天 去 滑雪，不 能 来。
　　Duìbuqǐ,　wǒ míngtiān qù huáxuě, bù néng lái.

A：你 去 哪儿 滑雪？
　　Nǐ qù nǎr huáxuě?

B：富士山 附近。
　　Fùshìshān fùjìn.

A：富士山 附近 可以 滑雪 吗？
　　Fùshìshān fùjìn kěyǐ huáxuě ma?

B：当然 可以。我 常 去 那儿 滑雪。
　　Dāngrán kěyǐ. Wǒ cháng qù nàr huáxuě.

語句

能 néng	～できる	
来 lái	来る	
滑雪 huáxuě	スキー（をする）	
富士山 Fùshìshān	富士山	
附近 fùjìn	近く	
可以 kěyǐ	～できる ～してよい	
当然 dāngrán	もちろん	
常 cháng	いつも よく	
用 yòng	使う	
手机 shǒujī	携帯電話	
照相 zhàoxiàng	写真を撮る	
医院 yīyuàn	病院	

ポイント

1. "能"

（能力、客観的な条件などによって）～できる。（状況などが許されて）～できる。動詞の前に置く。

你 明天 能 来 吗?　　あなたは明日来ることができますか。
Nǐ míngtiān néng lái ma?

——能，我 能 来。　　はい、私は来ることができます。
　　　Néng, wǒ néng lái.

——不 能，我 不 能 来。　　いいえ、私は来ることができません。
　　　Bù néng, wǒ bù néng lái.

2．"可以"

　　　（状況などが許されて）〜できる。〜してよい。動詞の前に置く。

　　那儿　可以　用　手机。（＝那儿能用手机。）
　　Nàr kěyǐ yòng shǒujī.

　　あそこは携帯電話を使ってかまいません。

　　这儿　可　不　可以　照相？（＝这儿能不能照相？）
　　Zhèr kě bu kěyǐ zhàoxiàng？

　　ここは写真を撮ってもいいですか。

　　——对不起，这儿　不　可以　照相。（＝这儿不能照相。）
　　　　Duìbuqǐ, zhèr bù kěyǐ zhàoxiàng.

　　　　すみません、ここは写真を撮ってはいけません。

　　これらの"可以"は"能"と置き換えることができる。これらの"不能"は禁止（〜していはいけない）である。

練習問題

1．①と②の日本語に合うように（　）に漢字を書き、
　　　＿＿＿＿にピンインを書いてみよう。

　① 私は明日来ることができます。

　　　我（　　）天（　　　）来。

　　　Wǒ ＿＿＿ tiān ＿＿＿ lái.

　② あそこはスキーができません。

　　　（　）（　）（　）可（　）（　）（　）。

　　　＿＿＿＿＿＿＿＿ kě ＿＿＿＿＿＿＿＿．

2. ①から③の日本語を中国語に訳し、漢字とピンインの両方を書いてみよう。

① 私は明日来ることができません。

（　　　　　　　　　　　　　　　　　　　　　　　　　）

② あそこも写真を撮ってかまいません。

（　　　　　　　　　　　　　　　　　　　　　　　　　）

③ 病院は携帯電話を使ってはいけません。

（　　　　　　　　　　　　　　　　　　　　　　　　　）

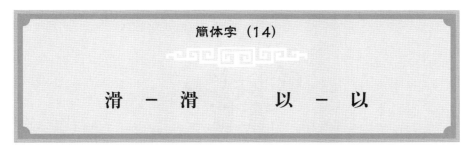

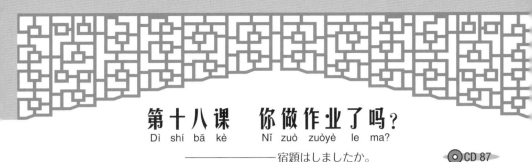

第十八课　你做作业了吗？
Dì shí bā kè　Nǐ zuò zuòyè le ma?

宿題はしましたか。

CD 87

A：你 做 作业 了 吗?
　　Nǐ zuò zuòyè le ma?

B：还 没 做。
　　Hái méi zuò.

A：怎么 还 不 做 呢? 我 已经 做 了。
　　Zěnme hái bú zuò ne?　Wǒ yǐjing zuò le.

B：我 不 想 做。
　　Wǒ bù xiǎng zuò.

A：为 什么 呢?
　　Wèi shénme ne?

B：太 难 了。也 太 多 了!
　　Tài nán le.　Yě tài duō le!

語句

作业　zuòyè　宿題
还　hái　まだ
没(有)　méi(yǒu)　～しなかった
已经　yǐjing　すでに
怎么　zěnme　どうして
呢　ne　疑問文の文末に置いて疑問の語気を強める

为什么　wèi shénme　どうして(単独でも使える)
吃饭　chīfàn　食事をする
上课　shàngkè　(先生が)授業をする
　　　　　　　(学生・生徒が)授業を受ける

ポイント

1．"了"

① 文末に置いて変化を表す。

我 买 电脑 了。　私はパソコンを買いました。
Wǒ mǎi diànnǎo le.

已经 上课 了。　もう授業が始まっています。
Yǐjing shàngkè le.

変化した状態が持続することも表す。

② 動詞のすぐ後に置いて完了を表す。

我 买了 两 块 橡皮。　私は消しゴムを二つ買いました。
Wǒ mǎile liǎng kuài xiàngpí.

この場合、多くは目的語に数量を示す言葉などの修飾語がある。

③ 否定は"没（有）"を使い、"了"は外す。

我 没 吃 饭。　私はご飯をたべていません。
Wǒ méi chī fàn.

还 没 做。　まだしていません。
Hái méi zuò.

怎么 还 不 做 呢?　どうしてまだしないのですか。
Zěnme hái bú zuò ne?

"没"は完了や変化の否定に用いるが、"不"には意思が含まれる。

練習問題

1. ①から③の日本語に合うように（　）に漢字を書き、＿＿＿にピンインを書いてみよう。

① あなたはご飯を食べましたか。

你 吃（　　）（　　）吗?

Nǐ chī ＿＿＿＿＿ ma?

② まだ食べていません。

还（　　）吃。

Hái ＿＿＿＿＿ chī.

③ 私はパソコンを買いました。

我（　　）（　　）（　　）（　　）。

Wǒ ＿＿＿＿＿＿＿＿＿＿＿＿＿＿＿.

2．①から③の日本語を中国語に訳し、漢字とピンインの両方を書いてみよう。

① 私はもう食事をしました。

（　　　　　　　　　　　　　　　　　　　　　　　）

② 私はまだ宿題をしていません。

（　　　　　　　　　　　　　　　　　　　　　　　）

③ 私は消しゴムを一つ買いました。

（　　　　　　　　　　　　　　　　　　　　　　　）

簡体字（15）

為 － 为

以下の字は右側の旁（つくり）の部分も簡略化されているので注意。

経 － 经　　　錢 － 钱

第十九课　你去过中国吗？
Dì shí jiǔ kè　　Nǐ qùguo Zhōngguó ma?

――――中国に行ったことがありますか。　　　CD 90

A：你 去过 中国 吗？
　　Nǐ qùguo Zhōngguó ma?

B：去过。
　　Qùguo.

A：什么 时候 去 的？
　　Shénme shíhou qù de?

B：去年 暑假 去 的。
　　Qùnián shǔjià qù de.

A：去了 什么 地方？
　　Qùle shénme dìfang?

B：北京 和 上海。
　　Běijīng hé Shànghǎi.

語句 　　CD 91

过	guo ～したことがある	坐	zuò 座る
什么时候	shénme shíhou いつ		（座って乗る乗り物に）乗る
的	de ～した	电车	diànchē 電車
暑假	shǔjià 夏休み	北京烤鸭	Běijīng kǎoyā 北京ダック
什么地方	shénme dìfang どこ	学	xué 勉強する 学ぶ
北京	Běijīng 北京	汉字	Hànzì 漢字
上海	Shànghǎi 上海		

ポイント 　　CD 92

1．"过"

　　～したことがある。経験を表す。動詞の後ろに置く。

我 去过 中国。　　私は中国に行ったことがあります。
Wǒ qùguo Zhōngguó.

　　否定は"没（有）"を使い、"过"は残す。

我 没 去过 上海。　　私は上海に行ったことがありません。
Wǒ méi qùguo Shànghǎi.

2．"的"（3）

　　主に文末に置いて、すでに起きた動作の時間・場所・方法などを説明する。

你 什么 时候 去 的?　　あなたはいつ行ったのですか。（時間）
Nǐ shénme shíhou qù de?

我 在 商店 买 的。　　私は店で買いました。（場所）
Wǒ zài shāngdiàn mǎi de.

她 坐 电车 来 的。　　彼女は電車に乗って来ました。（方法）
Tā zuò diànchē lái de.

練習問題

1. ①と②の日本語に合うように（　）に漢字を書き、_____にピンインを書いてみよう。

    ① 私は中国に行ったことがあります。

    　　我（　　　）（　　　）中国。

    　　Wǒ _____ Zhōngguó.

    ② 去年の夏休みに行きました。

    　　去年（　　　）（　　　）去（　　　）。

    　　Qùnián _____ qù _____ .

2. 自分のことをもとに①から③の中国語の質問に答え、漢字とピンインの両方を書いてみよう。

    ① 你去过中国吗？

    　　（　　　　　　　　　　　　　　　　　　）

    　　_____

    ② 你吃过北京烤鸭吗？

    　　（　　　　　　　　　　　　　　　　　　）

    　　_____

    ③ 你学过汉字吗？

    　　（　　　　　　　　　　　　　　　　　　）

    　　_____

簡体字（16）

海 － 海　　車 － 车

中国の六大古都

西安	洛阳	北京	南京	开封	杭州
Xī'ān	Luòyáng	Běijīng	Nánjīng	Kāifēng	Hángzhōu
西安	洛陽	北京	南京	開封	杭州

第十九课　你去过中国吗？

第二十课　我们跟中国学生学包饺子。
Dì èr shí kè　Wǒmen gēn Zhōngguó xuésheng xué bāo jiǎozi.

——私達は中国人学生にギョウザ作りを学びます。　CD 93

A：快 到 寒假 了。
　　Kuài dào hánjià le.

　　寒假，你 打算 做 什么 呢？
　　Hánjià, nǐ dǎsuàn zuò shénme ne?

B：我 打算 参加 学校 的 日中 文化 交流
　　Wǒ dǎsuàn cānjiā xuéxiào de RìZhōng wénhuà jiāoliú

　　活动。
　　huódòng.

A：日中 文化 交流 活动？
　　RìZhōng wénhuà jiāoliú huódòng?

B：是 啊！我们 跟 中国 学生 学 剪纸、包
　　Shì a! Wǒmen gēn Zhōngguó xuésheng xué jiǎnzhǐ, bāo

　　饺子。他们 跟 我们 学 花道、茶道。
　　jiǎozi. Tāmen gēn wǒmen xué huādào, chádào.

A：那 太 棒 了！
　　Nà tài bàng le!

語句　　CD 94

跟	gēn	～について　～と	交流	jiāoliú　交流
包	bāo	包む（ギョウザを）作る	活动	huódòng　活動
饺子	jiǎozi	ギョウザ	是啊	shì a　そうです
快…了	kuài...le	もうすぐ～である	剪纸	jiǎnzhǐ　切り絵
到	dào	（時間に）なる	花道	huādào　華道
寒假	hánjià	冬休み	茶道	chádào　茶道
打算	dǎsuàn	～するつもり	棒	bàng　素晴らしい
参加	cānjiā	参加する	王	Wáng　王（人名）
学校	xuéxiào	学校	商量	shāngliàng　相談する
文化	wénhuà	文化		

ポイント　　CD 95

1. "跟"

① "跟"＋人＋動詞：「人」について・から・に～する

我 要 跟 王 老师 学习 中国 文化。
Wǒ yào gēn Wáng lǎoshī xuéxí Zhōngguó wénhuà.
私は王先生に中国の文化を学びたいです。

② "跟"＋人＋動詞：「人」と・に～する

我 想 跟 她 商量。　私は彼女と相談したいです。
Wǒ xiǎng gēn tā shāngliàng.

今年 寒假，我 打算 跟 他们 一起 去 滑 雪。
Jīnnián hánjià, wǒ dǎsuàn gēn tāmen yìqǐ qù huá xuě.
今年の冬休み、私は彼らと一緒にスキーに行くつもりです。

練習問題

1. ①から③の日本語に合うように（　）に漢字を書き、
　　　　にピンインを書いてみよう。

① 私は切り絵を学ぶつもりです。

我（　　）（　　）学（　　）（　　）。

Wǒ ＿＿＿＿＿＿＿＿ xué ＿＿＿＿＿＿＿＿．

② 私は彼女に華道を学びます。

我（　　）（　　）学（　　）（　　）。

Wǒ ＿＿＿＿＿＿＿＿ xué ＿＿＿＿＿＿＿＿．

③ あなたは誰と一緒にスキーに行きますか。

你（　　）谁（　　）起 去（　　）（　　）？

Nǐ ＿＿＿＿ shéi ＿＿＿＿ qǐ qù ＿＿＿＿＿？

96

2．①から③の日本語を中国語に訳し、漢字とピンインの両方を書いてみよう。

① もうすぐ授業です。

（　　　　　　　　　　　　　　　　　　　　　　　　　　　　）

② あなたは私達と一緒に遊びに行きませんか。

（　　　　　　　　　　　　　　　　　　　　　　　　　　　　）

③ 私は小林さんと一緒に中国に行くつもりです。

（　　　　　　　　　　　　　　　　　　　　　　　　　　　　）

簡体字（17）

化 － 化　　　包 － 包　　　動 － 动

自己紹介をしてみよう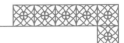

自我 介绍　自己紹介
Zìwǒ jièshào

大家 好!
Dàjiā hǎo!
みなさんこんにちは。

我 叫 小林 由美。
Wǒ jiào Xiǎolín Yóuměi.
私は小林由美と言います。

我 是 日本人。
Wǒ shì Rìběnrén.
私は日本人です。

今年 十七 岁。
Jīnnián shíqī suì.
今年十七才です。

我 是 富士山 高中 的 学生。
Wǒ shì Fùshìshān Gāozhōng de xuésheng.
私は富士山高校の生徒です。

我 现在 二 年级。
Wǒ xiànzài èr niánjí.
私は今二年生です。

我 家 有 三 口 人，爸爸、妈妈 和 我。
Wǒ jiā yǒu sān kǒu rén, bàba, māma hé wǒ.
私は三人家族です。父、母と私です。

我 的 爱好 是 听 音乐。
Wǒ de àihào shì tīng yīnyuè.
私の趣味は音楽を聴くことです。

我 的 自我 介绍 就 到 这里。请 多多 关照!
Wǒ de zìwǒ jièshào jiù dào zhèlǐ. Qǐng duōduō guānzhào!
私の自己紹介はここまでです。どうぞよろしくお願いします。

上記の文を参考に自己紹介をしてみよう。

你们好！我叫（　　　　　　　　　　）。

我是（　　　　）人。今年（　　　　）岁。

我是（　　　　　　　）的学生。我现在（　　　）年级。

我家有（　　　　）口人，
（　　　　　　　　　　　　　　　　　　）和我。

我的爱好是（　　　　　　）。

我的自我介绍就到这里。请多多关照！

語句索引（ピンイン）

索引はどちらも第一課から第二十課までの「語句」と「ポイント」の語句を対象とした。

A

àihào　爱好　趣味 …………… 75

B

bā　八　8 …………………………… 39
bàba　爸爸　父 …………………… 63
ba　吧　～だろう　～しよう …… 35
bǎihuò shāngdiàn　百货商店
　　デパート ………………………… 59
bàn　半　半 30分 ………………… 47
bàngōngshì　办公室
　　事務室　職員室 ………………… 71
bàng　棒　素晴らしい …………… 95
bàngqiú　棒球　野球 …………… 75
bāo　包　包む
　　（ギョウザを）作る …………… 95
Běijīng　北京　北京 …………… 91
Běijīng kǎoyā　北京烤鸭
　　北京ダック ……………………… 91
běn　本　書籍類を数える　冊 …… 55
běnzi　本子　ノート …………… 27
bǐ　笔　筆記用具 ペン …………… 55
bú kèqi　不客气
　　どういたしまして ……………… 19

bú tài　不太　あまり～ではない …… 75
bú xiè　不谢
　　どういたしまして ……………… 19
bù　不　～ではない ……………… 27

C

cānjiā　参加　参加する ………… 95
cèsuǒ　厕所　トイレ …………… 67
chá　查　調べる ………………… 71
chádào　茶道　茶道 …………… 95
cháng　常　いつも　よく ……… 83
chàng　唱　歌う ………………… 75
chǎofàn　炒饭　チャーハン …… 75
chī　吃　食べる ………………… 75
chīfàn　吃饭　食事をする ……… 87

D

dǎ　打
　　たたく（野球などを）する …… 75
dǎsuàn　打算　～するつもり …… 95
dàxué　大学　大学 ……………… 31
dàxuéshēng　大学生　大学生 …… 31
dāngrán　当然　もちろん ……… 83
dào　到　（時間に）なる ………… 95

Déguó 德国 ドイツ	················	31
de 的 ～の	················	35
～した	················	91
dì 第 第	················	19
dìdi 弟弟 弟	················	64
diǎn 点 時	················	47
diànchē 电车 電車	················	91
diànshì 电视 テレビ	················	59
diànyǐng 电影 映画	················	59
diànzǐ cídiǎn 电子词典 電子辞書	···	59
diànzǐ yóuxì 电子游戏 ゲーム	·····	75
dōu 都 みな すべて	················	35
dōngxi 东西 物	················	59
dúshū 读书 読書（する）	················	75
duì 对 はい その通りです	················	35
duìbuqǐ 对不起 ごめんなさい	···	19
duōdà 多大		
（年齢は）いくつですか	················	51
duōshao 多少 いくつ	················	55
duōshao qián 多少钱		
いくらですか	················	55

E

Éguó 俄国 ロシア	················	31
èr 二 2	················	39
èrbǎi 二百 200	················	51

F

fāyīn 发音 発音	················	79
Fǎguó 法国 フランス	················	31
fángjiān 房间 部屋	················	71
fēn 分 分	················	47
	通貨の単位　"角"の10分の1	55
fùjìn 附近　附近　近く	················	83
Fùshìshān 富士山　富士山	················	83

G

gāngqín 钢琴 ピアノ	················	67
gāozhōng 高中 高校	················	31
gāozhōngshēng 高中生 高校生	···	31
gēge 哥哥 兄	················	64
ge 个 事物を数える言葉	················	55
gēn 跟 ～と ～について	················	95
gōngsī zhíyuán 公司职员 会社員	···	63
gōngzuò 工作 仕事（をする）	·····	63
guì 贵 （値段が）高い	················	55
guo 过 ～したことがある	················	91

H

hái 还 さらに	················	79
まだ	················	87
Hánguó 韩国 韓国	················	31
hánjià 寒假 冬休み	················	95
Hànyǔ 汉语 中国語	················	67
Hànzì 汉字 漢字	················	91
hǎo 好 良い	················	59
hǎo de 好的 良いですよ	················	55
hào 号 日	················	43
hé 和 ～と	················	63
hěn 很 とても	················	79
hòubianr 后边儿 後	················	67
hòunián 后年 再来年	················	40
hòutiān 后天 明後日	················	40
huādào 花道 華道	················	95

huáxuě	滑雪　スキー ………………	83
huà	画　（絵を）描く ……………	75
huàr	画儿　絵 ………………………	75
huítóu jiàn	回头见　また後で …………	19
huì	会　～できる …………………	79
huódòng	活动　活動 ……………………	95

J

jǐ	几　いくつ ……………………	39
jǐ diǎn	几点　何時 ……………………	47
jǐ fēn	几分　何分 ……………………	47
jiā	家　家 …………………………	63
jiǎnzhǐ	剪纸　切り絵 …………………	95
jiāo	教　～に～を教える …………	67
jiāoliú	交流　交流 ……………………	95
jiǎo	角　通貨の単位	
	"元"の10分の1 ……………	55
jiǎozi	饺子　ギョウザ ………………	95
jiào	叫　～という名である ………	23
jiàoshì	教室　教室 ……………………	67
jiějie	姐姐　姉 ………………………	64
jīnnián	今年　今年 ……………………	40
jīntiān	今天　今日 ……………………	39
jiǔ	九　九 …………………………	39

K

kǎlā'ōu kèi	卡拉OK　カラオケ ……	75
kāihuì	开会　会議をする ……………	71
kàn	看　見る　読む ………………	59
kěyǐ	可以	
	～できる　～してよい ………	83
kè	课　課　教材の一区切り ……	19

kè	刻　15分 ………………………	47
kèběn	课本　教科書 …………………	27
kǒu	口　家族の人数を数える ……	63
kuài	块　塊条のものを数える ……	35
	通貨の単位　"元"の口語 ……	55
kuài...le	快…了	
	もうすぐ～である ………………	95

L

lái	来　来る ………………………	83
lánqiú	篮球　バスケットボール ……	75
lǎolao	姥姥　祖母（母方） …………	64
lǎoshī	老师　先生 ……………………	67
lǎoye	姥爷　祖父（母方） …………	64
le	了　文末に置き状態の変化を表す	
	動詞の後に置いて動作の完了を表す	
	…………………………………	87
Lǐ	李　李　人名 …………………	67
lǐbiānr	里边儿　中 ……………………	67
liǎng	两　2	
	個数を数える時などに使う ……	47
liǎngbǎi	两百　200 ……………………	51
liǎng diǎn	两点　2時 ……………………	47
líng	零　零 …………………………	39
Língmù	铃木　鈴木　人名 ……………	35
liù	六　6 …………………………	39
lóutī	楼梯　階段 ……………………	67

M

māma	妈妈　母 ………………………	63
ma	吗　～か ………………………	27
mǎi	买　買う ………………………	59

mànhuà	漫画　漫画 ……………	75
máo	毛	
	通貨の単位 "角"の口語 ……	55
méi	没　〜ない ……………	63
méi guānxi	没关系	
	大丈夫ですよ ……………	19
méi (yǒu)	没（有）	
	〜していない ……………	71
	〜しなかった ……………	87
Měiguó	美国　アメリカ ………	31
mèimei	妹妹　妹 ………………	63
men	们　〜達 ………………	23
míngnián	明年　来年 ……………	40
míngtiān	明天　明日 ……………	39
míngzi	名字　名前 ……………	23

N

nǎ	哪　どれ ………………	27
nǎ guó	哪国　どこの国 ………	31
nǎli	哪里　どこ ……………	67
nǎxiē	哪些　どれら …………	27
nǎr	哪儿　どこ ……………	67
nà	那　それ　あれ ………	27
nàge	那个　それ　あれ ……	55
nàli	那里　そこ　あそこ …	67
nàxiē	那些　それら　あれら …	27
nàr	那儿　そこ　あそこ …	67
nǎinai	奶奶　祖母（父方）…	64
nán	难　難しい ……………	79
ne	呢　文末に置いて使う	
	〜はどうですか ………	31
	〜している ……………	71

	疑問の語気を強める …	87
něixiē	哪些　どれら …………	27
nèige	那个　それ　あれ ……	55
nèixiē	那些　それら　あれら …	27
néng	能　〜できる …………	83
nǐ	你　あなた ……………	23
nǐ hǎo	你好　こんにちは ……	19
nǐmen	你们　あなた達 ………	23
nián	年　年 …………………	43
niánjí	年级　学年 ……………	51
niánjì	年纪　年齢 ……………	51
nín	您　あなた（丁寧）…	23
nín hǎo	您好	
	こんにちは（丁寧な言い方）…	19

P

páiqiú	排球　バレーボール …	75
pángbiānr	旁边儿　そば …………	67
piányi	便宜　安い　安くする …	55
pūkè	扑克　トランプ ………	75

Q

qī	七　七 …………………	39
qiānbǐ	铅笔　鉛筆 ……………	35
qián	钱　お金 ………………	55
qiánbiānr	前边儿　前 ……………	67
qiánnián	前年　一昨年 …………	40
qiántiān	前天　一昨日 …………	40
qǐngwèn	请问　おたずねします …	67
qù	去　行く ………………	59
qùnián	去年　去年 ……………	40

R

rén	人　人	31
rì	日　日	43
Rìběn	日本　日本	31

S

sān	三　3	39
sānkè	三刻　45 分	47
shāngdiàn	商店　店	59
shāngliàng	商量　相談する	95
shàngbiānr	上边儿　上	67
Shànghǎi	上海　上海	91
shàngkè	上课	
	（先生が）授業をする	
	（学生・生徒）授業を受ける	87
shàngwǔ	上午　午前	48
shéi	谁　誰	35
shénme	什么　何	23
shénme dìfang	什么地方　どこ	91
shénme shíhou	什么时候　いつ	91
shēngrì	生日　誕生日	43
shí	十　10	39
shì	是　〜だ　はい	27
shì a	是啊　そうです	95
shǒujī	手机　携帯電話	83
shū	书　本	27
shǔ	属　（干支は）〜年である	51
shǔjià	暑假　夏休み	91
shuí	谁　誰	35
shuō	说　話す	79
sì	四　4	39
suì	岁　才	51

T

tā	他　彼	23
tā	她　彼女	23
tāmen	他们　彼ら	23
tāmen	她们　彼女達	23
tài...le	太…了　とても〜だ	55
tán	弹　弾く	67
tèbié	特别　特に	79
tī	踢　蹴る　（サッカーを）する	75
tiàowǔ	跳舞　ダンスをする	75
tīng	听　聴く	75
túshūguǎn	图书馆　図書館	71
tuīlǐ xiǎoshuō	推理小说	
	推理小説	75

W

wàibiānr	外边儿　外	67
wánr	玩儿　遊ぶ	75
wǎnshang	晚上　夜	48
wǎnshang hǎo	晚上好	
	こんばんは	19
Wáng	王　王　人名	95
wèi shénme	为什么　どうして	87
wénhuà	文化　文化	95
wǒ	我　私	23
wǒmen	我们　私達	23
wǔ	五　5	39

X

xǐhuan	喜欢　好き	75
xiàbiānr	下边儿　下	67
xiàwǔ	下午　午後	48

xiànzài 现在 今 ……………… 47	yǐjing 已经 すでに ……………… 87
xiǎng 想 〜したい ……………… 59	yìbǎi 一百 100 ……………… 51
xiàngpí 橡皮 消しゴム ……… 35	yìbǎilíngyī 一百零一 101 …… 51
Xiǎolín Yóuměi 小林由美 人名 … 23	yìbǎiyīshí 一百一十 110 …… 51
xiē 些 複数を表す …………… 27	yìdiǎnr 一点儿 少し ………… 55
xiě 写 書く ……………………… 35	yìqǐ 一起 一緒に ……………… 59
xièxie 谢谢 ありがとう ……… 19	yìqiān 一千 1000 ……………… 51
xièxie nǐ 谢谢你 ありがとう … 19	yìqiānlíngyīshí 一千零一十 1010 … 51
xīngqī'èr 星期二 火曜日 …… 39	yīnyuè 音乐 音楽 ……………… 75
xīngqījǐ 星期几 何曜日 ……… 39	Yīngyǔ 英语 英語 ……………… 79
xīngqīliù 星期六 土曜日 …… 39	yòng 用 使う …………………… 83
xīngqīrì 星期日 日曜日 ……… 39	yóuyǒng 游泳 泳ぐ …………… 79
xīngqīsān 星期三 水曜日 …… 39	yǒu 有 ある いる ……………… 63
xīngqīsì 星期四 木曜日 ……… 39	yǒude 有的 ある人 あるもの … 71
xīngqītiān 星期天 日曜日 …… 39	yòubiānr 右边儿 右 …………… 67
xīngqīwǔ 星期五 金曜日 …… 39	yuán 元 通貨の単位 …………… 55
xīngqīyī 星期一 月曜日 ……… 39	yuè 月 月 ……………………… 43
xìng 姓 〜という姓である …… 23	
xué 学 勉強する 学ぶ ……… 91	**Z**
xuésheng 学生 生徒・学生 … 51	zázhì 杂志 雑誌 ……………… 27
xuéxí 学习 勉強する 学ぶ … 71	zài 在 〜にある・いる
xuéxiào 学校 学校 …………… 95	〜で ……………………… 67
	〜している ……………… 71
Y	zàijiàn 再见 さようなら ……… 19
yào 要 ほしい ………………… 55	zǎoshang 早上 朝 …………… 48
〜するつもり 〜したい … 59	zǎoshang hǎo 早上好 おはよう … 19
yéye 爷爷 祖父（父方）……… 64	zěnme 怎么 どうして ………… 87
yě 也 〜も …………………… 27	zěnmeyàng 怎么样 どうですか … 55
yī 一 1 ………………………… 39	zhāng 张
yīyuàn 医院 病院 ……………… 83	広い面積を持つものを数える …… 71
yíkè 一刻 15分 ……………… 47	zhàoxiàng 照相 写真を撮る …… 83
yíwàn 一万 10000 …………… 51	zhè 这 これ …………………… 27

zhège 这个 これ …… 55		zhuōzi 桌子 テーブル …… 71
zhèli 这里 ここ …… 67		zīliào 资料 資料 …… 71
zhèr 这儿 ここ …… 67		zǒu 走 歩く 行く …… 35
zhèxiē 这些 これら …… 27		zúqiú 足球 サッカー …… 75
zhèige 这个 これ …… 55		zuótiān 昨天 昨日 …… 39
zhèixiē 这些 これら …… 27		zuǒbiānr 左边儿 左 …… 67
zhī 枝		zuò 坐 座る
棒状のものを数える 本 …… 55		（座って乗る乗り物に）乗る …… 91
zhōng 钟 時間を表す …… 47		zuò 做 〜をする …… 63
Zhōngguó 中国 中国 …… 31		〜を作る …… 71
Zhōngwén 中文 中国語 …… 67		zuò cài 做菜 料理をする …… 71
zhōngwǔ 中午 昼 …… 48		zuòyè 作业 宿題 …… 87

語句索引（日本語）

あ

朝	早上	zǎoshang	48
明後日	后天	hòutiān	40
明日	明天	míngtiān	39
あそこ	那里	nàli	67
	那儿	nàr	67
遊ぶ	玩儿	wánr	75
あなた	你	nǐ	23
	您	nín	23
あなた達	你们	nǐmen	23
兄	哥哥	gēge	64
姉	姐姐	jiějie	64
あまり〜ではない	不太	bú tài	75
アメリカ	美国	Měiguó	31
ありがとう	谢谢	xièxie	19
	谢谢你	xièxie nǐ	19
ある	有	yǒu	63
	在	zài	67
歩く	走	zǒu	35
ある人	有的	yǒude	71
あるもの	有的	yǒude	71
あれ	那	nà	27
あれ	那个	nàge/nèige	55
あれら	那些	nàxiē/nèixiē	27
良い	好	hǎo	59
いいえ	不	bù	27
良いですよ	好的	hǎo de	55
家	家	jiā	63
行く	去	qù	59
	走	zǒu	35
いくつ	几	jǐ	39
	多少	duōshao	55
いくつですか（年齢）	多大	duōdà	51
いくらですか	多少钱	duōshao qián	55
いつ	什么时候	shénme shíhou	91
一緒に	一起	yìqǐ	59
いつも	常	cháng	83
今	现在	xiànzài	47
妹	妹妹	mèimei	63
いる	有	yǒu	63
	在	zài	67
上	上边儿	shàngbiānr	67
後	后边儿	hòubiānr	67
歌う	唱	chàng	75
絵	画儿	huàr	75
映画	电影	diànyǐng	59
英語	英语	Yīngyǔ	79
干支は〜年である	属	shǔ	51
鉛筆	铅笔	qiānbǐ	35
王（人名）	王	Wáng	95

語句索引（日本語） 107

お金　钱　qián ·················· 55
教える　教　jiāo ·················· 67
おたずねします　请问　qǐngwèn ··· 67
弟　弟弟　dìdi ·················· 64
一昨日　前天　qiántiān·············· 40
一昨年　前年　qiánnián ············· 40
おはよう　早上好　zǎoshang hǎo ··· 19
泳ぐ　游泳　yóuyǒng ·············· 79
音楽　音乐　yīnyuè ·············· 75

か

課　课　kè ·················· 19
〜か　吗　ma ·················· 27
会議をする　开会　kāihuì ············ 71
会社員　公司职员
　　gōngsī zhíyuán ·············· 63
階段　楼梯　lóutī ·················· 67
買う　买　mǎi ·················· 59
書く　写　xiě ·················· 35
描く　画　huà ·················· 75
角　角　jiǎo ·················· 55
毛　máo ·················· 55
学生　学生　xuésheng ············· 51
学年　年级　niánjí················· 51
学校　学校　xuéxiào ·············· 95
活動　活动　huódòng ············· 95
華道　花道　huādào ············· 95
彼女　她　tā ·················· 23
彼女達　她们　tāmen ············· 23
カラオケ　卡拉OK　kǎlā'ōu kèi ··· 75
彼　他　tā ·················· 23
彼ら　他们　tāmen ············· 23

韓国　韩国　Hánguó ·············· 31
漢字　汉字　Hànzì ·············· 91
聴く　听　tīng ·················· 75
昨日　昨天　zuótiān ·············· 39
疑問の語気を強める　呢　ne ········ 87
今日　今天　jīntiān ·············· 39
教科書　课本　kèběn ············· 27
ギョウザ　饺子　jiǎozi ············· 95
教室　教室　jiàoshì ·············· 67
去年　去年　qùnián ············· 40
切り絵　剪纸　jiǎnzhǐ ············· 95
来る　来　lái ·················· 83
ゲーム　电子游戏　diànzǐ yóuxì ··· 75
携帯電話　手机　shǒujī ············· 83
消しゴム　橡皮　xiàngpí ············· 35
蹴る　踢　tī ·················· 75
元　元　yuán ·················· 55
　　块　kuài ·················· 55
高校　高中　gāozhōng ············· 31
高校生　高中生　gāozhōngshēng ··· 31
交流　交流　jiāoliú ············· 95
ここ　这里　zhèlǐ ·················· 67
　　这儿　zhèr ·················· 67
午後　下午　xiàwǔ ············· 48
午前　上午　shàngwǔ ············· 48
今年　今年　jīnnián ············· 40
小林由美（人名）　小林由美
　　Xiǎolín Yóuměi·············· 23
ごめんなさい　对不起　duìbuqǐ ··· 19
これ　这　zhè·················· 27
　　这个　zhège / zhèige ·············· 55
これら　这些　zhèxiē / zhèixiē ······ 27

こんにちは 你好 nǐ hǎo ………… 19
　您好 nín hǎo ………………… 19
こんばんは 晩上好
　wǎnshang hǎo ……………… 19

さ

才 岁 suì ……………………… 51
サッカー 足球 zúqiú ………… 75
雑誌 杂志 zázhì ……………… 27
茶道 茶道 chádào …………… 95
さようなら 再见 zàijiàn ……… 19
再来年 后年 hòunián ………… 40
さらに 还 hái ………………… 79
参加する 参加 cānjiā ………… 95
時間
　時 点 diǎn ………………… 47
　2時 两点 liǎng diǎn ………… 47
　分 分 fēn …………………… 47
　15分 一刻 yíkè ……………… 47
　30分 半 bàn ………………… 47
　45分 三刻 sānkè …………… 47
　時間を表す 钟 zhōng ……… 47
仕事（をする） 工作 gōngzuò … 63
下 下边儿 xiàbiānr …………… 67
〜した 了 le ………………… 87
　　　　 的 de ………………… 91
〜したい 想 xiǎng …………… 59
　　　　 要 yào ……………… 59
〜したことがある 过 guo …… 91
〜している 在 zài …………… 71
　　　　　 呢 ne ……………… 71

〜していない 没（有）
　méi(yǒu) …………………… 71
〜してよい 可以 kěyǐ ………… 83
〜しなかった 没（有）
　méi(yǒu) …………………… 87
事務室 办公室 bàngōngshì …… 71
写真を撮る 照相 zhàoxiàng …… 83
上海 上海 Shànghǎi ………… 91
授業をする 授業を受ける 上课
　shàngkè …………………… 87
宿題 作业 zuòyè ……………… 87
趣味 爱好 àihào ……………… 75
〜しよう 吧 ba ……………… 35
職員室 办公室 bàngōngshì …… 71
調べる 查 chá ………………… 71
食事をする 吃饭 chīfàn ……… 87
資料 资料 zīliào ……………… 71
推理小説 推理小说
　tuīlǐ xiǎoshuō ……………… 75
数字
　0 零 líng …………………… 39
　1 一 yī ……………………… 39
　2 二 èr ……………………… 39
　2 两 liǎng
　　個数を示す時に使う ……… 47
　3 三 sān …………………… 39
　4 四 sì ……………………… 39
　5 五 wǔ ……………………… 39
　6 六 liù ……………………… 39
　7 七 qī ……………………… 39
　8 八 bā ……………………… 39
　9 九 jiǔ ……………………… 39

日本語	中国語	ピンイン	ページ
10	十	shí	39
100	一百	yìbǎi	51
101	一百零一	yìbǎilíngyī	51
110	一百一十	yìbǎiyīshí	51
200	二百	èrbǎi	51
200	两百	liǎngbǎi	51
1000	一千	yìqiān	51
1010	一千零一十	yìqiān língyīshí	51
10000	一万	yíwàn	51
好き	喜欢	xǐhuan	75
スキー	滑雪	huáxuě	83
少し	一点儿	yìdiǎnr	55
鈴木（人名）	铃木	Língmù	35
すでに	已经	yǐjing	87
素晴らしい	棒	bàng	95
すべて	都	dōu	35
座る	坐	zuò	91
する	做	zuò	63
（サッカー）	踢	tī	75
（野球など）	打	dǎ	75
～するつもり	打算	dǎsuàn	95
生徒	学生	xuésheng	51
先生	老师	lǎoshī	67
相談する	商量	shāngliàng	95
そうです	是啊	shì a	95
そこ	那里	nàli	67
	那儿	nàr	67
外	外边儿	wàibiānr	67
そば	旁边儿	pángbiānr	67
祖父（父方）	爷爷	yéye	64
祖父（母方）	姥爷	lǎoye	64
祖母（父方）	奶奶	nǎinai	64
祖母（母方）	姥姥	lǎolao	64
それ	那	nà	27
それ	那个	nàge/nèige	55
それら	那些	nàxiē/nèixiē	27

た

日本語	中国語	ピンイン	ページ
第	第	dì	19
大学	大学	dàxué	31
大学生	大学生	dàxuéshēng	31
大丈夫ですよ	没关系 méi guānxi		19
高い（値段）	贵	guì	55
たたく	打	dǎ	75
～達	们	men	23
食べる	吃	chī	75
誰	谁	shuí/shéi	35
～だろう	吧	ba	35
誕生日	生日	shēngrì	43
ダンスをする	跳舞	tiàowǔ	75
父	爸爸	bàba	63
月	月	yuè	43
作る	做	zuò	71
チャーハン	炒饭	chǎofàn	75
中国	中国	Zhōngguó	31
中国語	汉语	Hànyǔ	67
	中文	Zhōngwén	67
使う	用	yòng	83
包む	包	bāo	95
～で	在	zài	67
テーブル	桌子	zhuōzi	71
～できる	会	huì	79

可以 kěyǐ	83
能 néng	83
デパート 百货商店 bǎihuò shāngdiàn	59
～ではない 不 bù	27
テレビ 电视 diànshì	59
電子辞書 电子词典 diànzǐ cídiǎn	59
電車 电车 diànchē	91
～と 和 hé	63
跟 gēn	95
～という姓である 姓 xìng…	23
～という名である 叫 jiào	23
ドイツ 德国 Déguó	31
トイレ 厕所 cèsuǒ	67
どういたしまして	
不客气 bú kèqi	19
不谢 bú xiè	19
どうして 为什么 wèi shénme	87
怎么 zěnme	87
どうですか 怎么样 zěnmeyàng	55
読書（する） 读书 dúshū	75
特に 特别 tèbié	79
どこ 哪里 nǎli	67
哪儿 nǎr	67
什么地方 shénme dìfang	91
どこの国 哪国 nǎ guó	31
図書館 图书馆 túshūguǎn	71
とても 很 hěn	79
とても～だ 太…了 tài…le	55
トランプ 扑克 pūkè	75
どれ 哪 nǎ	27
どれら 哪些 nǎxiē / něixiē	27

な

ない 没 méi	63
中 里边儿 lǐbiānr	67
夏休み 暑假 shǔjià	91
何 什么 shénme	23
名前 名字 míngzi	23
なった 了 le	87
なる（時間に） 到 dào	95
何時 几点 jǐ diǎn	47
何分 几分 jǐ fēn	47
何曜日 星期几 xīngqījǐ	39
日 号 hào	43
日 rì	43
～について 跟 gēn	95
日本 日本 Rìběn	31
年 年 nián	43
年齢 年纪 niánjì	51
～の 的 de	35
ノート 本子 běnzi	27
乗る 坐 zuò	91

は

～はどうですか 呢 ne	31
～は～だ 是 shì	27
はい 是 shì	27
对 duì	35
バスケットボール 篮球 lánqiú	75
発音 发音 fāyīn	79
話す 说 shuō	79
母 妈妈 māma	63

語句索引（日本語）

バレーボール　排球　páiqiú……… 75	店　商店　shāngdiàn………………… 59
ピアノ　钢琴　gāngqín……………… 67	見る　看　kàn………………………… 59
弾く　弹　tán………………………… 67	難しい　难　nán……………………… 79
左　左边儿　zuǒbiānr………………… 67	～も　也　yě………………………… 27
人　人　rén…………………………… 31	もうすぐ～である　快…了
病院　医院　yīyuàn…………………… 83	kuài…le………………………… 95
昼　中午　zhōngwǔ…………………… 48	もちろん　当然　dāngrán…………… 83
分（通貨の単位）　分　fēn………… 55	物　东西　dōngxi…………………… 59
附近　附近　fùjìn…………………… 83	
複数を表す　些　xiē………………… 27	**や**
富士山　富士山　Fùshìshān………… 83	野球　棒球　bàngqiú………………… 75
冬休み　寒假　hánjià………………… 95	安い　安くする　便宜　piányi…… 55
フランス　法国　Fǎguó……………… 31	曜日
文化　文化　wénhuà………………… 95	月　星期一　xīngqīyī……………… 39
北京　北京　Běijīng………………… 91	火　星期二　xīngqī'èr……………… 39
北京ダック　北京烤鸭	水　星期三　xīngqīsān……………… 39
Běijīng kǎoyā………………… 91	木　星期四　xīngqīsì……………… 39
部屋　房间　fángjiān………………… 71	金　星期五　xīngqīwǔ……………… 39
ペン　笔　bǐ………………………… 55	土　星期六　xīngqīliù……………… 39
勉強する　学　xué…………………… 91	日　星期日　xīngqīrì……………… 39
学习　xuéxí……………………… 71	日　星期天　xīngqītiān…………… 39
ほしい　要　yào……………………… 55	読む　看　kàn………………………… 59
本　书　shū………………………… 27	夜　晚上　wǎnshang………………… 48
ま	**ら**
前　前边儿　qiánbiānr……………… 67	来年　明年　míngnián……………… 40
また後で　回头见　huítóu jiàn…… 19	李（人名）　李　Lǐ………………… 67
まだ　还　hái………………………… 87	量詞
学ぶ　学　xué………………………… 91	家族の人数　口　kǒu……………… 63
学习　xuéxí……………………… 71	塊条のもの　块　kuài……………… 35
漫画　漫画　mànhuà………………… 75	書籍類　本　běn…………………… 55
右　右边儿　yòubiānr………………… 67	幅広く使う　个　ge………………… 55

広い面積を持つもの　张
　　zhāng ················ 71
棒状のもの　枝　zhī ············ 55
料理をする　做菜　zuò cài ········ 71
ロシア　俄国　Éguó ············ 31

わ

私　我　wǒ ················ 23
私達　我们　wǒmen ············ 23

著　者
　　木村　淳（大妻女子大学講師）
　　泉田俊英（東京都立富士森高等学校講師）
　　李　原翔（東京都立富士森高等学校外国語教育補助員）

表紙デザイン
　　（株）欧友社

じっくり学ぶ中国語

2015 年 1 月 9 日　初版発行
2024 年 2 月 20 日　第 11 刷発行

　　著　者 ⓒ　木村　淳
　　　　　　　　泉田俊英
　　　　　　　　李　原翔
　　発行者　　　福岡正人
　　発行所　　　株式会社　金星堂

〒 101-0051　東京都千代田区神田神保町 3-21
　　Tel. 03-3263-3828　　Fax. 03-3263-0716
　　E-mail：text@kinsei-do.co.jp
　　URL：http://www.kinsei-do.co.jp

編集担当　川井義大　　　　　　　　　　2-00-0696
組版・印刷・製本／倉敷印刷

本書の無断複製・複写は著作権法上での例外を除き禁じられています。本書を代行業者等の第三者に依頼してスキャンやデジタル化することは、たとえ個人や家庭内の利用であっても認められておりません。
乱丁・落丁本はお取り替えいたします。
KINSEIDO, 2015, Printed in Japan

ISBN978-4-7647-0696-5　C1087